# LE GUIDE DU TOUJOURS JEUNE PÈRE

(BIEN QU'UN PEU MOINS QUAND MÊME)

## Jean-Louis Festjens

Jean-Louis Festjens est né en 1956. Diplômé de philosophie et d'histoire médiévale, il est journaliste et, depuis 1985, éditeur. L'immense succès de sa *Trilogie des elfes* (éditions Belfond) en fait un nom incontournable pour les lecteurs de fantasy. *Le pas de Merlin* (prix Imaginales 2003) confirme sa popularité. *Les larmes de Brunehilde*, second volet de la série *Les reines pourpres*, a paru en 2007 chez Belfond. Il est également l'auteur de livres illustrés de fantasy destinés aux enfants *La petite fée paresseuse*, *Le lutin qui volait les chaussettes*, *L'elfe du Père Noël* (Éditions Fetjaine), ainsi que des albums *Le petit peuple* (Le Pré aux Clercs) et *Le pays des fées* (Éditions Fetjaine).

## Pierre Antilogus

Pierre Antilogus est né en 1952. Après des études de droit et d'histoire à Sciences-Po, il devient journaliste et travaille notamment pour *Marie-France*, *Le Nouvel observateur*, *Playboy*, *Le Figaro magazine*, ou *Télérama*. Il est également éditeur et l'auteur de pamphlets comme *Bienvenue à l'armée Rouge, le guide du collabo* (éditions Lattès, 1984) ou *Oui, vous pouvez devenir chinois en 45 minutes* (éditions Nil, 2007), *Oui, vous pouvez devenir journaliste en 45 minutes chrono* (éditions Nil, 2007) et de *Comment rester jeune après cent ans ?* (éditions Nil, 2008), tous ces ouvrages sont cosignés avec Philippe Trétiack.

Pierre Antilogus et Jean-Louis Festjens ont écrit ensemble une série d'ouvrages pratiques et humoristiques, dont *Le guide du jeune père*, traduit en dix langues et adapté en BD et au théâtre, *Le guide de survie à l'usage des parents*, *L'homme expliqué aux femmes*, *Le guide de survie au bureau*, *L'école expliquée aux parents* et *Le guide du toujours jeune père*.

PIERRE ANTILOGUS
JEAN-LOUIS FESTJENS

# LE GUIDE DU TOUJOURS JEUNE PÈRE

(BIEN QU'UN PEU MOINS QUAND MÊME)

Illustrations de Claire Bretécher
et de Jean-Louis Festjens

MICHEL LAFON

ISBN : 978-2-266-22112-2

*Pour Hugo, Justine et Éloïse.*
*Toute ressemblance avec des événements vécus serait une pure coïncidence. Ou alors c'est Antilogus qui m'a forcé. Pardon...*
*J.-L.F.*

*Pour Marie et Sophie.*
*Qui ne se reconnaîtront évidemment pas dans les pages qui suivent.*
*Toute similitude serait fortuite, et imputable à Festjens.*
*Gros bisous, les filles...*
*P.A.*

# Sommaire

Deuxième partie

## L'ADO, VACHERIE DU DESTIN !



Troisième partie

## ENTOURÉ D'INCAPABLES !

Quatrième partie

## LUEUR D'ESPOIR AU BOUT DU TUNNEL

# RÉSUMÉ DE L'ÉPISODE PRÉCÉDENT

Souvenez-vous, ami, c'était il y a dix, quinze, ou peut-être même vingt ans – comme le temps passe… Vous étiez un jeune père plein de vigueur et d'optimisme, avec un marmot baveux dans les bras et un autre accroché à votre pantalon qui pleurnichait pour avoir son doudou. Votre compagne se tenait près de vous, souriante et encore mince. Entendons-nous bien, madame, vous êtes toujours extrêmement mince, mais vous l'étiez encore plus à l'époque… Incroyable ! Un homme et une femme, donc, tournant leurs yeux cernés vers le même horizon tout illuminé des chic lueurs rosâtres de l'espoir… Le bonheur était à portée de main, le bonheur était là. Vous aviez réussi à maîtriser la créature insensée qu'est un enfant en bas âge, vous étiez devenus des parents. Oui, vous monsieur, un jeune père ! Qui l'eût cru ? Qui eût joué une pièce de deux francs – car en ce temps-là c'était encore le franc – sur vos chances de réussir ce pari fou ? Ah certes, ça n'a pas été facile ! Quand on évoque cette période et vos épuisants démêlés vis-à-vis de l'enfant, les mots qui viennent spontanément à l'esprit sont « bras de fer implacable » ou « résolution farouche à ne pas céder un pouce de terrain ».

Mais souvenez-vous, ami, nous étions là.

Si si, nous étions là, vieux, avec notre épatant *Guide du jeune père*, le manuel qui ne vous quittait pas, à l'époque, celui-là même qui cale actuellement l'armoire de grand-mère. Nous vous avions guidés pas à pas, tels d'intrépides démineurs à travers un champ de bombes, au milieu des montagnes de couches-culottes, des mignons petits nez morveux, des nuits sans sommeil, des biberons, des régurgitations de lait qui tachaient vos pulls préférés toujours au même endroit sur l'épaule, des tétines égarées, des varicelles, des rougeoles, des hurlements, des trépignements des chers petits êtres ! Souvenez-vous comme vous vous jetiez alors sur les chères vieilles pages dans l'espoir (toujours satisfait) d'y trouver quelque réconfort, quelque hilarante poilade apte à détendre l'atmosphère !

Et c'est sûr, l'atmosphère avait foutrement besoin d'être détendue. Cette façon qu'avaient les mômes, mon Dieu, de projeter de la nourriture sur les murs – surtout l'effroyable mélange veau-carotte qu'il fallait nettoyer tout de suite, sinon ça séchait, et c'est la peinture qu'on devait arracher !

Souvenez-vous, amis, il a fallu tout apprendre à votre enfant : à se servir d'une cuillère autrement que comme d'une catapulte, à aller sur le pot, à nouer ses lacets, à cesser de se conduire en pitoyable geignard, à ne plus dire sans arrêt « caca-boudin », « veux gâteau » ou « pourquoi elle est grosse, la dame ? »… Et tout cela, vieux, vous l'avez fait avec nous, et osons le dire, GRÂCE À NOUS !

Oui, Antilogus et Festjens ont beau être des types d'une modestie fabuleuse – la violette est l'emblème qui flotte sur leur immeuble de New York, siège de l'Apap (Amicale de promotion et d'assistance paternelle –, ils aiment aussi qu'on leur rende justice. Faute de quoi ils boudent et s'enferment dans un silence menaçant, qui n'est pas sans rappeler celui du requin-taupe dans les secondes précédant l'attaque mortelle.

Quand nous avons pris congé, vous étiez exténués, d'accord, mais confiants. On sentait que vous alliez vous en sortir comme des chefs. Des chefs de famille. Et c'est avec le fichu sentiment du devoir accompli que nous sommes partis vers d'autres aventures. Détendus, sereins, pour tout dire relax, nous buvions des long drinks à la terrasse des plus prestigieux bars du monde en nous congratulant mutuellement pour ce succès formidable… Hélas ! Trois fois hélas[1], nous apprenons à l'instant, et c'est un coup de théâtre invraisemblable, que le péril est de retour. Qu'il est même plus redoutable qu'avant !

Antilogus et Festjens, on le sait, n'ont pas pour habitude d'exagérer les choses – pas leur style –, mais il semble bien qu'on doive parler cette fois d'une résurgence de la menace fantôme, d'une situation si désespérée que Françoise Dolto et le Dr Spock réunis n'auraient pu en venir à bout, même avec le renfort inespéré de Marcel Rufo et de la regrettée Super-Nanny. C'est épouvantable.

1. Et peut-être même quatre fois !

Car, au moment où vous vous croyiez tirés d'affaire, voilà qu'on vous projette dans les pattes le plus terrible adversaire de l'homme, depuis le lion à dents de tigre.

L'ado.

Farce cruelle du destin car, admettons-le, vous n'êtes plus le fringant niais jeune type prêt à tout affronter, le héros au sourire si doux dépeint par Victor Hugo ou un autre vieux birbe du même tonneau. C'est donc au pire moment que survient le pire danger… On en a les larmes aux yeux, vieux. Toi qui as su résister à l'enfant, qui as su déjouer ses pièges et l'amener à se conduire à peu près correctement, seras-tu terrassé par l'adolescent, jeté à terre comme le fétu de paille dans la botte de foin, emporté à dache comme par un cyclone, tel Ulysse au Pays des merveilles ? Non, ami, cela ne sera pas. Nous ne le permettrons pas.

Depuis quelque temps, d'insistantes rumeurs se propagent dans les arrière-boutiques et les ruelles sombres du port. Antilogus et Festjens seraient de retour en ville. On les aurait vus flâner au rayon cachemire de chez Brummel, apostropher le gouvernement à la Chambre, parader parmi les têtes couronnées au pesage de Longchamp, sabrer le champagne au Crazy Horse avec leurs amies Lola Boomboom et Melissa Panpan… Eh bien, sache-le, vieux pote, il y a plus qu'un fond de vérité dans ces bruits. Interrompant une campagne internationale de vaccination des pingouins dans l'Antarctique, les deux formidables vieux chic types accourent à la rescousse ! N'aie plus peur, ami Jeune Père – car, sans le moindre doute, tu es toujours un jeune père –, nous sommes de retour ! *We are backos*, comme disent les Espagnols.

Tu as triomphé de l'enfant. Avec notre aide – et celle de Dieu – tu sauras survivre à l'adolescent.

## L'APAP, UNE INSTITUTION À LA HAUTEUR DES DÉFIS DE L'AVENIR !

**Le grain de sel de Lionel Choupard**

Permettez-moi d'interrompre un instant le fil de votre lecture pour vous présenter une institution injustement méconnue, l'Apap (Association pour l'amitié entre les pères), que j'ai l'honneur et le plaisir de présider. Fondé en 1919 au plus fort de la vogue du charleston par mon grand-oncle Gaston Choupard, un ancien de l'escadrille des Cigognes, le SPAD, Soutien psychologique des pères en détresse, était promis au plus grand avenir. En effet, dès 1936, l'Association fusionne avec l'OPEP (l'Office populaire pour l'emploi paternel) et l'AFP (Association foutez-nous la paix), pour écrire quelques-unes des grandes pages du Front populaire (premier congé de paternité, fête des Pères, etc.), et devenir l'Apap. En 1939, lors de la Drôle de guerre, l'association impose l'hymne *Petit Papa Noël*, du fantaisiste Tino Rossi, dans toutes les crèches de France, et jusqu'aux avant-postes de la ligne Maginot.

Durant les années sombres de l'Occupation, mon grand-oncle est reçu par le Feldmarschall Goering, dans le cadre des journées *Vaterland für alles*, ce qui lui sera reproché, bien à tort, à la Libération. On l'ignore trop souvent : l'héroïque fondateur de l'Apap avait en effet profité de l'entrevue pour disposer une vessie péteuse sous le siège de l'obèse Teuton, ce qui provoquera la disgrâce de ce dernier et comptera pour beaucoup dans la victoire finale des Alliés.

La France lui rendra justice en 1950, en accordant les palmes académiques au glorieux drapeau de l'Apap. Ainsi réhabilité, mon infatigable aïeul se lance un nouveau défi, la conquête des États-Unis. Enthousiasmé par l'étendue de son œuvre, le richissime Roy Smith, roi du haricot en conserve, subventionne largement l'Apap, entraînant avec lui les 25 membres d'un groupuscule à l'avenir prometteur, le FBI (Father Board of Industry).

Smith et le FBI ayant été par méprise impliqués dans l'assassinat du regretté Président Kennedy, l'Apap Inc. est contrainte de se saborder. Éclaboussé par le scandale, Gaston Choupard doit fuir les States. Malgré son âge, il embarque comme simple matelot à bord du *Torrey Canyon,* un certain mois de mars 1967. On connaît la suite. Son corps recouvert de mazout sera découvert sur la plage de Perros-Guirec, parmi les restes huileux de goélands et de phoques de mer.

C'est en 1990 que, sollicité par ma grand-tante, Mme veuve Choupard, je décide de relever le flambeau.

Me voici en charge de l'Apap, prêt à vous faire bénéficier, chapitre après chapitre, des mille lumières d'une expérience inégalée.

## Le satisfecit d'Antilogus et Festjens

Merci, Lionel. C'est beaucoup d'honneur que vous nous faites. Puissions-nous nous hisser à la hauteur d'une démarche humaniste et audacieuse qui fait l'admiration de la communauté scientifique mondiale !

Première partie

# LE TOUJOURS JEUNE PÈRE, UN SACRÉ VIEUX CHIC TYPE

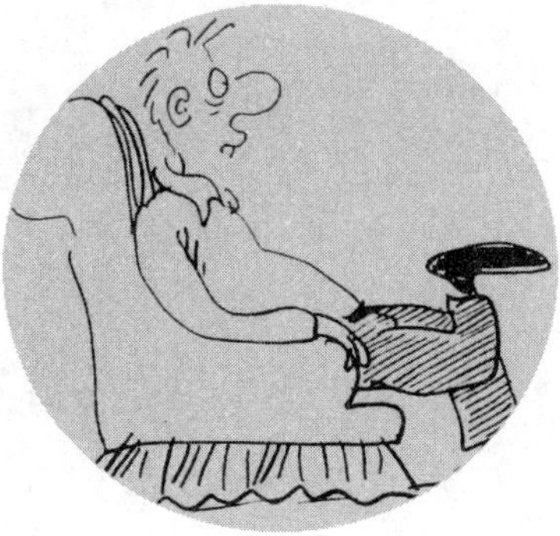

*« Petit enfant, petit problème ; grands enfants, grands problèmes », entendons-nous mugir dans la plaine où grossit sans cesse le troupeau affolé des ex-Jeunes Pères dépassés par les frasques insensées de leurs ados. « C'était le bon temps », renchérissions-nous nous-mêmes à l'instant, dans un condamnable moment de faiblesse. Mais nous nous sommes repris et nous l'affirmons désormais avec une inébranlable conviction : le bon temps, c'est maintenant.*

*Oui, c'est maintenant. Objectivement, regardez-vous : reposé, serein, replet, embelli. Vous êtes dans la force de l'âge, et même dans l'âge de la force ! Ha, ha ! Vous êtes comme le héron de la Baltique ou le gnou du Mali : un grand fauve au regard mordoré, toujours en train de digérer. En un mot, un Toujours Jeune Père (quoiqu'un peu moins quand même). Et c'est ce qui fait tout votre charme.*

*Pardon ? Vous dites ? Le héron de la Baltique n'est pas un grand fauve ? Ni le gnou ? Ah, ça va, hein ! Si vous avez acheté ce livre pour nous emmerder, ça va se mettre de travers ! On vous laisse avec Lionel Choupard, et on va prendre un pot !*

*Non, mais sans blague !*

## Chapitre 1

# TOUJOURS JEUNE, PARFAITEMENT !

Oui, bon, puisqu'on nous force à le dire – ah ! Dieu nous est témoin que nous aurions voulu éviter cela –, avouons que vous avez vieilli. Oh, à peine. Ça ne se voit pas du tout ! D'ailleurs, vous-même, ami, vous ne l'avez pas remarqué, et c'est tout à votre honneur. Mais les autres, votre femme, vos collègues, vos beaux-parents et toute la damnée horde tapie dans l'ombre, prétendent que vous avez quarante-deux ou cinquante-cinq ans, voire plus, et ils surgissent à tout instant, armés de gâteaux d'anniversaire bourrés de crème (très mauvais pour vos triglycérides), dans le seul but de vous filer un coup de vieux.

Ah, c'est moche. Ah, c'est bas. Parce que enfin, soyons objectifs, on ne vous donne pas plus de trente, trente-cinq ans ! Sisisi ! L'autre jour, encore !

Soit. Mais sans vouloir rejoindre le hideux troupeau des détracteurs, osons dire que deux-trois détails de votre physionomie absolument épatante ont évolué. Le cheveu n'est plus en bataille. Ou alors si, mais il n'est plus aussi nombreux qu'avant et il bataille tout seul, telle une sorte de naufragé agitant les bras sur son récif. Le tour de taille s'est arrondi (comme ça vous va bien !). Le T-shirt *No Future* de vos années rebelles sert de chiffon à cirer.

Sans doute est-ce pour cela, nous le voyons bien, que vous ergotez, depuis tout à l'heure. « Père, d'accord. Mais toujours jeune, faut voir ! », grommellent les sceptiques. Eh bien, pas du tout ! Soyez-en certain, ami lecteur, vous méritez ce prestigieux qualificatif. La science, qui tant de fois a raffermi le trône de nos découvertes, ne trahira pas notre querelle en cet instant crucial. C'est donc à l'aide d'un test scientifique que nous allons une bonne fois pour toutes prouver que vous êtes un Toujours Jeune Père, et même un sacrément chouettos. Et vous, madame, qui lisez par-dessus son épaule, vous pourrez en prendre de la graine.

## Test : Quel âge vous avez, en vrai ?

*Cochez la case A, B, C ou D.*

1. Vous pensez que la Mégane Scénic est :
   A. Méga ringue
   B. Sport
   C. Confortable
   D. Vous préférez la Fuego

2. Vous diriez de votre femme qu'elle est :
   A. Une sacrée chaudasse
   B. Ponctuelle
   C. Confortable
   D. Bien brave

3. Comment vos enfants vous appellent-ils ?
   A. Papounet
   B. Papa
   C. Georges[1]
   D. La Banque

4. Comment vos collègues vous apostrophent-ils ?
   A. Tiens, voilà l'autre con !
   B. Ah, salut Machin !
   C. Mes respects, M. le Directeur !
   D. Alors, la vieille, bientôt la quille ?

---

1. À moins que, par un hasard extraordinaire, vous ne vous appeliez Georges, il convient ici de faire un effort mental et de remplacer « Georges » par votre propre prénom. Merci d'avance.

5. Vous-même, par quel mot vous désigneriez-vous ?
A. Parent d'élève
B. Contribuable
C. Justiciable
D. Usager en colère

6. Et enfin, par quel surnom flatteur aimeriez-vous être appelé ?
A. Gueule d'amour
B. Bite d'acier
C. Panzer Bob
D. La Croûte

7. Au cours des vingt dernières années, estimez-vous :
A. N'avoir pas vu passer le temps ?
B. Avoir respiré la vie à pleins poumons, chanté la vie, dansé la vie ?
C. Avoir connu de nombreux bonheurs, mais aussi des moments d'angoisse – comme la fois où vous avez versé avec la Scénic dans le fossé à Montargis ?
D. Vous être desséché comme un croûton ?

8. Quelle est la fréquence de vos rapports sexuels ?
A. Deux par jour
B. Deux par semaine
C. Deux par mois
D. 107.7 (Autoroute FM)

9. Faites ce test de souplesse : jetez (doucement) ce livre à terre et ramassez-le sans plier les genoux. Résultat :
A. Fastoche
B. Vous avez mal au dos

C. Ça a fait « crac » et vous êtes resté coincé
D. Vous êtes mort

10. Laquelle de ces lignes parvenez-vous à lire sans lunettes ?

A. Les toujours jeunes pères sont des types formidables.
B. On vous donne dix ans de moins.
C. Ça te fait quel âge, vieux ?
D. Ça va, Papy ?

**Vous avez obtenu un maximum de A : vous êtes un Arrogant Blanc-Bec.**

Une sorte de post-ado infantile et passablement crétin, quoique formidablement sympathique. Navrés. C'est par erreur qu'on vous a offert ce livre. Reposez-le. Calez-le sous un meuble bancal, vous le retrouverez avec bonheur lors de votre prochain déménagement, d'ici cinq ou dix ans. Avec un peu de bonne volonté, vous serez devenu un Toujours Jeune Père.

**Vous avez obtenu un maximum de B : vous êtes bel et bien un Toujours Jeune Père.**

Bravo ! Épatant ! L'honneur de la nation et toute cette sorte de choses ! Allez, on se tutoie ! On te l'avait bien dit que t'étais pas si vieux, vieux ! Tu vois comme t'étais connaud de t'en faire ! Sacrée tête de pioche !

**Vous avez obtenu un maximum de C : vous êtes un Chic Vieux Gars.**

Ça vaut mieux que d'attraper la scarlatine, mais il était temps qu'on arrive. Un peu plus, et vous seriez devenu un Déjà Vieux Père, et nous n'aurions rien pu tenter. Ah, c'était moins une ! Et puis enlevez vos pantoufles, bon sang, quoi ! Vous voulez ressembler à Chirac ? Allez, pas de panique. Sèche tes larmes, petit bonhomme, ce chic bouquin est fait pour toi.

**Vous avez obtenu un maximum de D : vous êtes un Vieux Birbe.**

Peut-être même êtes-vous déjà mort. Observez autour de vous : les gens sont-ils habillés en noir ? Font-ils une tête d'enterrement ? Êtes-vous couché dans une sorte de box étroit capitonné de soie ? Distinguez-vous sur le mur les mots Funérarium ? Crématorium ? Vivarium ? Alors lâchez ce bouquin, espèce de vieux crabe ! Manifestez-vous ! Remuez ! Dites quelque chose ! Lâchez un pet ! Magnez-vous avant que les premières pelletées s'abattent sur le couvercle !

Enfin bref, cher vieux machin, sauf votre respect, ce livre n'est pas pour vous. Attendez le *Guide du Toujours Jeune Grand-père*, qui ne saurait tarder. En attendant, prenez vos gouttes.

## Enfin entre nous !

Ainsi qu'une lecture attentive de ce qui précède vous l'aura fait remarquer, nous avons éconduit les Arrogants Blancs-Becs et les Vieux Birbes. Tant pis pour eux. Qu'ils se regroupent et fondent un club ! Qu'ils tentent une sortie vers Los Alamos ! Car, osons le dire, les extrêmes sont comme la main de l'homme et le sein de la femme, ils se touchent.

Bien. Maintenant que nous sommes entre nous, les potos, nous pouvons vous le dire, vous avez tout de même pris un sacré coup de vieux. Ça vaut mieux que de se prendre un sacré coup de matraque ou que d'être victime d'un sacré coup de grisou au fond d'une mine de houille en Azerbaïdjan, et cependant il faut bien admettre qu'un Toujours Jeune Père est moins jeune qu'un Jeune Père.

En soi, ce n'est pas grave, mais hélas, vous n'êtes pas le seul à avoir changé. Que dire de l'enfant ? Il était maladroit, touchant, mignon et niais, le voilà transformé en escogriffe boutonneux d'une taille proprement stupéfiante, certes, mais toujours aussi maladroit et niais. Là au moins, pas de changement, et c'est une satisfaction. Mais enfin, c'est un niais maladroit d'un mètre quatre-vingt-douze, capable à tout moment de vous en retourner une pour peu que vous lui demandiez de ranger son assiette dans le lave-vaisselle.

À partir de maintenant, faisez hyper gaffe. Jusqu'à ce que nous ayons pu vous prodiguer nos judicieux conseils – et rassurez-vous, ça ne va pas tarder –, quand vous lui parlez, protégez-vous la tête avec ce livre, à la fois souple et très résistant (cet ouvrage a été testé dans les laboratoires Ikea®, coincé dans le tiroir de la commode Halmstrüg®, actionné mille trois cent quatre-vingt-douze fois par une machine à pompe). Ce n'est là qu'un des nombreux avantages de ce bon, de cet excellent ouvrage, qui n'a d'autre but que de vous guider (d'où le titre : *Guide.* Ah, c'est pensé, hein ?) de liane en liane à travers la jungle de la paternité, tel un bondissant Tarzan.

**Un bon truc !**

**Si votre ado se montre menaçant, projetez-lui ce livre à la figure, et profitez de l'effet de stupeur pour prendre la fuite. Ce n'est pas grave, vous en rachèterez un autre.**

Regardez-nous ! Vous croyez que nous parlons au hasard, comme de vieux prophètes juchés sur une caisse devant la fontaine Saint-Michel ? Bon sang, mais ce serait dingue ! Heureux pères d'une ribambelle d'au moins cinq enfants (à nous deux) que l'on pourrait aisément qualifier aujourd'hui d'adolescents en pleine possession de leurs moyens (redoutables), nous avons survécu sans traumatisme crânien. C'est dire la qualité de cet ouvrage.

Allons, tu n'es plus seul, ami lecteur. Redresse le menton. Bombe le torse. Rentre le ventre. À la fin de ce livre, toi aussi tu seras devenu un Toujours Jeune Père épanoui, l'un de ces sacrés types altiers qui se rient de la vie, qui dansent la vie, qui chantent la vie, fascinent leur épouse, épatent les mômes et font faire le beau au fichu clebs !

Mais tout d'abord, une question se pose : quel type de TJP es-tu, cher vieux gars ?

## REJOINS L'APAP, CAMARADE !

**Le grain de sel de Lionel Choupard, président de l'Apap**

Remplis le bulletin d'adhésion ci-dessous et renvoie-le-moi bien vite, sans oublier d'y joindre une enveloppe timbrée.

**Bulletin d'adhésion**
**à l'Amicale des programmes d'aide paternelle**

Nom :......... Prénom : ......... Adresse : ...........

Oui, j'adhère à l'Apap et je joins un chèque de 127,50 € (à l'ordre de Lionel Choupard) pour un abonnement d'un an renouvelable.

Je joins un chèque de 99,90 € pour l'abonnement à la revue *Apap (Actualités périodiques de l'action parentale)*.

Une fois ce bulletin rempli, découpe-le soigneusement et envoie-le-moi par e-mail. Pour cela, plie-le en trois dans le sens de la longueur et glisse-le dans la prise USB de ton ordinateur.

## Le correctif d'Antilogus et Festjens

Non ! Attendez ! Ne faites pas ça ! Veuillez excuser notre ami Choupard. C'est un monsieur âgé, que les subtilités de l'informatique dépassent un peu. Néanmoins, ses conseils vous seront fort utiles. Nous n'en doutons pas.

## Chapitre 2

# QUEL TYPE DE TOUJOURS JEUNE PÈRE ÊTES-VOUS ?

Bravo ! Formidable ! Grande tape dans le dos, vieux ! Le test qui précède – conçu par les plus éminents scientifiques de l'Apap (Amicale de promotion et d'assistance paternelle) – l'a démontré avec éclat : vous êtes un TJP, un Toujours Jeune Père. Fraternelle bourrade ! C'est un honneur de vous accueillir à bord de ce livre. Si, si, entrez, avancez, il reste de la place là-bas au fond… Mais avant de sortir le champagne et de se mettre à bondir comme des Russes en criant « Oï-Oï-Oï ! », ayons, si vous le voulez bien, une pensée émue pour nos amies les femmes. Car elles ne connaîtront jamais ce bonheur simple – pourtant si naturel – d'être père. Non, mesdames, vous aurez beau faire des pieds et des mains, papillonner des cils, rouler le couscous et danser nues sur la table, vous ne serez jamais des Jeunes Pères. Jamais ! Ce serait trop facile, à la fin !

Mais à présent assez, ravalons nos larmes et lançons-nous dans une bamboula à faire trembler les murs, et tant pis si les voisins, cette bande de vieux croûtons, appellent le commissariat. Tu es un Toujours Jeune Père, mon gars. Et ça se fête, nom d'une pipe !

Bon, oui. Bravo ! D'accord. C'est entendu. *But please, don't emballate yourself* (nous saluons les TJP britanniques – section Paddington West – qui viennent de nous rejoindre)... Non, ne vous emballez pas, amis ! Quels sont vos atouts pour faire face aux ados ? Pour relever les défis qui vous seront lancés au visage telles d'incessantes boules de neige glacées et exaspérantes ? C'est assez simple, tout dépend de votre type. Et même de votre type de TJP. Car comme le dit le proverbe chinois, et pour une fois la fichue sentence asiate n'est pas trop naze : « Il y a autant de Toujours Jeunes Pères dans le vent d'automne qui secoue la feuille de prunier que de gouttes d'eau dans l'orage »...

Êtes-vous du genre cool ou rigide ? Résolu ou mou du genou ? Père Spicace ou Père la Vertu ? Père Écolo ou Père Icolo Sporgersi ? Il importe de le savoir. « Connais-toi toi-même » recommandait le vieux Sénèque (à moins qu'il s'agisse d'Aristophane ou de quelque autre vieux gars dingo en toge) – et ce n'était pas pour des prunes. Même si sa phrase complète était, en fait : « Connais-toi toi-même, Caïus Gracchus, et tiens, pendant que tu y es, mon garçon, file donc me prendre un cornet de bigorneaux frits chez l'épicius. »

Vous ne manquerez pas, amis, de vous reconnaître dans la typologie ci-dessous et d'en tirer les enseignements qui feront de vous un encore meilleur TJP. Car oui, vous pouvez encore devenir meilleur ! N'est-ce pas fou, quand on y songe ?

## Les pères à l'ancienne, des valeurs sûres et éprouvées

### Le Père Dudevue

Il est parti un beau jour, comme ça, sans prévenir. On ne l'a plus jamais revu. Mais il a laissé un souvenir impérissable. Surtout à sa femme… Où es-tu, Père Dudevue ? Certains disent que tu as fui tes responsabilités paternelles. D'autres que tu reposes au fond de l'Hudson River avec un bloc de ciment aux pieds. Dans tous les cas, chapeau bas, l'ami. Tu étais un rude type.

### Le Père Missif

Pétri des conceptions pédagogiques les plus absurdes et risibles, il estime que rien ne doit être imposé à ses enfants, qu'il ne faut rien leur interdire, que rien ne doit les détourner de leurs inclinations naturelles et entraver le développement harmonieux de leur personnalité… Les jeunes ne veulent pas étudier ? Ils préfèrent s'amuser à faire des pâtés de boue ? C'est parfait, qu'ils fassent des pâtés de boue. Cette éducation ultralibérale a vite fait de transformer le jeune en loup pour l'homme. Il finit par agresser des vieillards dans la rue et il faut souvent se résoudre à l'abattre au terme d'un siège qui mobilise de nombreuses forces de police. Merci du cadeau, Père Missif !

### Le Père Peinard

Trop souvent confondu avec le Gros Pépère – un cousin dégénéré –, le Père Peinard n'a qu'une ambition dans la vie, qu'on lui foute la paix. Comme on le comprend ! Mais pourquoi, dans ces conditions, a-t-il commis l'erreur d'avoir des enfants ? On ne sait pas, il ne le sait pas lui-même, mais c'est trop tard, le mal est fait, les mouflets sont là, et même à quarante-cinq ans passés ils continueront de lui baver sur les pompes… C'est intolérable, mais c'est ainsi. Respect, vieux.

### Le Père invisible

S'il est présent par le corps dans l'appartement familial, le Père Invisible est absent par la pensée. Il se tient les bras ballants, ou croisés derrière le dos, et il ne dit rien. Jamais rien. Ce qui explique que nos amis transalpins l'appellent « Il Cavaliere Silenzio » ou encore – en Sicile – « Gli Fratelli della Omerta ». Lâcheté, manque de maturité ? Rien de tout cela. L'homme se contente de fuir l'affrontement inévitable, tant avec une compagne prompte à lui faire des reproches qu'avec ses ados essentiellement soucieux de le taper d'un billet de 20 euros. Il ne s'engage pas dans les petites querelles domestiques et s'abstient de mettre son grain de sel dans des sujets scabreux (éducation des enfants, budget du ménage). Cette attitude admirable de diplomatie fait beaucoup pour l'harmonie des foyers.

### Le Petit Père des Peuples

Si vous êtes un « PPP », vous vous inscrivez dans la flamboyante lignée des Staline, Atatürk, Pancho Villa, Che Guevara, Viva Zapata, Achille Zavatta… Plein de charisme et d'allant révolutionnaire, vous ferez tôt ou tard l'objet de chansons et de films, on chantera votre gloire jusque dans les coins les plus reculés de la pampa. Quel fabuleux destin ! En attendant, vos enfants aimeraient vous voir plus souvent.

**Le cas particulier du Toujours Jeune Père Recomposé**

Disons-le tout de suite, il s'est passé des tas de trucs durant ces dix, quinze ou vingt dernières années. Promotion. Nouvelle bagnole. Nouvel appart'. Nouvelle femme, si ça se trouve ! Ouais ! Super ! Bon, mais qui dit nouvelle femme dit nouveaux mômes. Et deux fois plus d'ados. Mince. Vous ne l'aviez pas vue venir, celle-là.

## LES PÈRES D'AUJOURD'HUI, DES TYPES FICHTREMENT MODERNES !

### Le senior des Ados

Également désigné sous le vocable expressif de « Papa Copain ». Plus qu'un père, le Papa Copain

entend être l'ami de ses enfants. Il aime le rap, le destroy metal, il insiste pour jouer (en tant que batteur) dans le groupe de son fils. Il parle comme les jeunes, usant d'expressions comme « truc de ouf », « trop pas » ou « je le kiffe grave »… Oui, vous avez raison, c'est très pénible. Le Senior des Ados, c'est une consolation, finit immanquablement par être remis à sa place : la bassiste du groupe l'appelle « monsieur ».

### Le Père Missionnaire

Fréquemment pris à tort pour un adepte de la position du même nom, ce qui nuit à son image, le Père Missionnaire considère ses fonctions paternelles avec le plus grand sérieux. C'est ce qui le rend si gonflant. Appelé aussi « psychologue naturel », il veut à toute force parler aux ados, les comprendre, leur expliquer la vie, alors qu'il ne fait que les gaver grave… Un beau samedi matin, son local à la MJC reste désespérément vide, malgré le succulent quatre-quarts et les caisses de Fanta orange stockées en prévision d'un « après-midi jeune ». Le vieux zigue a lassé son monde.

### Le Père de Miches

Incorrigible cavaleur lancé dans trois aventures à la fois, embringué dans cinq familles recomposées, le misérable est victime de ses sens, de ses appétits sexuels débridés, c'est une bête, un porc lubrique, mais aussi une référence pour tous les autres hommes qui ne lui ménagent pas leurs encouragements. Le Père de Miches est appelé parfois le Père de Couilles – mais c'est vulgaire. Il est exceptionnel. Il est écœurant. Nous l'admirons beaucoup.

### Le Père Péteux

Malgré le terme excessivement péjoratif qui le qualifie, le Père Péteux est un type formidable – bien que peut-être trop craintif. Il a peur de ses enfants. Il a peur de sa femme. Mais est-ce qu'il n'a pas quelques bonnes raisons pour ça, hein, tout de même ? Il sursaute si on lui adresse la parole et quand ses ados réussissent à le coincer, il finit invariablement par allonger un billet de 20 euros. On comprend qu'il ait les foies.

## LES BONNES PÂTES, DE FOUTUS GROS NOUNOURS

### Le Père Noël

Contrairement à ce qu'on a dit, le Père Noël n'est pas une ordure. C'est au contraire un type généreux qui couvre ses enfants de cadeaux et de douces attentions… Devant tant de bienveillance, malheureusement, le jeune se conduit en assisté. Il devient un poids pour la société et contribue à creuser les déficits qui ruinent notre malheureux pays, nous mettant ainsi à la merci de puissances étrangères hostiles comme le Zabraghistan ou la Kropotchie orientale.

À la réflexion, le Père Noël est bien une ordure. Espèce de salaud !

### Le Papounet Chéri

Il ne dit pas grand-chose, n'en fait pas beaucoup plus, mais son regard pétille de calme bonté derrière ses lunettes en demi-lune tandis qu'il lit son journal en mâchonnant le tuyau de son brûle-gueule. Sa seule présence réconforte, pareille à celle de l'armoire normande ou de la pendule franc-comtoise qui fait tic-tac. On lui tapote le crâne, on lui fait des mamours. Gros bisous, Papounet Chéri !

### Le Père Mou

Nous avons croisé plus haut le Père Missionnaire ; le Père Mou (de conduire) adopte, lui, la position du Père Démissionnaire. Il est plein de bonne volonté, mais à l'évidence totalement inopérant. Pourtant, sa femme s'obstine à lui confier des missions éducatives, elle lui dit : « Tu vas parler aux enfants, Charles-Henri. » Il répond « Oui, chérie », et c'est tout. Les choses en restent là. Et ça vaut peut-être mieux comme ça.

### Le Père Siffleur

Caustique et détaché, il pose sur la vie en général et ses enfants en particulier un regard plein d'ironie et de bienveillance. Jamais à court d'un bon mot, toujours de bonne humeur, il a un secret. Tous les matins au réveil, il siffle un litre de rouge. C'est moche.

**Le retour du cas particulier du Toujours Jeune Père Recomposé**

En y réfléchissant deux minutes (et c'est notre damné job), nous remarquerons que le TJP de base – soit un type d'une cinquantaine d'années, même s'il ne les fait pas – est exclusivement un père d'ado. Déjà, c'est pas évident.

Mais si le vieux gars a divorcé et s'est remarié, non seulement il aura des ados du premier mariage, mais en plus des enfants du second. Mince ! Et si le type se remarie une troisième fois ? Bingo ! Des ados, des enfants et un bébé. Voire, si la nouvelle épouse est elle-même divorcée, les ados du premier mariage, plus les ados de madame, plus les enfants, les bébés... et un clébard, aussi, tant qu'on y est !

Bon, disons-le tout de suite, il y a plus simple. « Un sacré pétrin » est l'expression qui vient spontanément à l'esprit.

## LES PÈRES CORIACES, DE SACRÉS CARACTÈRES !

### Le Père de Claques

C'est le daron traditionnel. Il a la présence d'un Gabin et l'allonge d'un Ventura. Quand il se présente, le chien gémit et se cache sous un fauteuil, le canari interrompt son odieux babil, la blatte commune se cache dans une fissure du mur et les ados se tiennent tranquilles. Sinon, ça part, pif paf ! Enfin un peu d'ordre et de discipline dans ce monde où les jeunes tiennent le haut du pavé. Tiens, reprends une baffe, Kevin !

### Le Père Indigne

Il apprend à ses enfants à faire la manche dans la rue, les envoie voler dans les magasins. Il ne se souvient pas de leur date d'anniversaire. Il joue l'argent du ménage au PMU, court la gueuse, déserte le foyer familial, rentre ivre à des heures pas possibles… Somme toute, c'est le Français moyen typique, assez sympa, mais qui pourrait tout de même faire un petit effort pour améliorer sa conduite. Merci d'avance, vieux !

### Le Père Supérieur

Sauf s'il est dominicain ou jésuite, le Père Supérieur a de nombreux enfants qu'il écrase de sa réussite sociale. Parfois artiste, chanteur, acteur, il peut être aussi un scientifique de grand renom, savant atomiste ou astrophysicien, le genre de mec qu'on appelle en pleine nuit pour qu'il vienne dévier de la trajectoire terrestre un astéroïde fou ou un truc comme ça… Dans son ombre immense, ses ados flétrissent et rabougrissent. Ils ne se voient aucun avenir. La plupart du temps, ils deviennent animateurs à la télé.

### Le Père Roquet

Débordé par ses ados, il leur jappe aux mollets, les poursuit de ses perpétuelles remontrances et de sa mauvaise humeur… Le Père Roquet a le plus grand mal à asseoir son autorité – et, pour peu qu'il souffre d'hémorroïdes, le plus grand mal à s'asseoir tout court. Tout cela est très douloureux.

Qu'il nous soit permis, pour conclure ce chapitre, de rendre hommage aux Pères de la Constitution, ces tutélaires figures de légende qui sont comme autant de modèles pour tous les pères du monde… Le Père Iscope bien sûr, à qui rien n'échappe. Le Père Dodu, souriante préfiguration de l'obèse moderne. Le Père François, incontournable, bien que son célèbre coup soit un peu assommant. Le Père Manganate de Potasse, chimiste obscur mais magnifique. Le Père Goriot, trop souvent confondu avec son beau-frère le Compère Loriot. Le Très Saint-Père, enfin, dont on nous dit qu'il est unique en son genre à tort, ami Toujours Jeune Père ! Car en vérité, pour endurer avec le sourire tout ce que nous endurons quotidiennement, n'ayons pas peur de l'affirmer :

Nous sommes tous des très saints pères !

**SEIGNEUR, QUE D'ÉMOTION !**
**Le grain de sel de Lionel Choupard, président de l'Apap**

Quelle poignante énumération ! Ces grandes figures paternelles plus bouleversantes les unes que les autres, comment pourraient-elles nous laisser de marbre ? Il faudrait avoir le cœur endurci d'une femme pour ne pas avoir les larmes aux yeux. Allons, je vous propose une chose, cher lecteur, chantons tous en chœur *Mon vieux*, du fantaisiste Daniel Guichard :

*Dans son vieux pardessus râpé*
*Il s'en allait l'hiver, l'été*
*Mon vieux...*

## Le holà d'Antilogus et Festjens

Merci Lionel, pour cette magnifique interprétation, mais ça ira comme ça. C'est le scientifique que nous aimerions voir s'exprimer dans ces colonnes, non l'homme de cœur. Après tout, cher mentor, n'êtes-vous pas là pour nous faire profiter de votre inégalée expérience ?

## CHAPITRE 3

# LE GRAND MALENTENDU

Oui, il y a malentendu. Car, comme nous venons de le voir, des types formidables tout à fait capables de devenir des Toujours Jeunes Pères parfaitement sympathiques, il y en a des quantités énormes, et de toutes sortes. Mais là où nous parlons de Toujours Jeune Père, certains esprits forts comprennent « vieux machin », alors que ça ne se prononce pas du tout pareil.

Nous dirions qu'il y a hiatus, couille dans le potage et toute cette sorte de choses déplaisantes. Car enfin à quoi bon s'acharner à faire de toi, ami lecteur, un drille parfaitement joyeux, si c'est pour que des malfaisants détruisent tous nos efforts par des commentaires désobligeants ? Est-ce bien utile de se crever la paillasse à devenir un TJP admirable si vous êtes le seul (avec nous, ami, avec nous) à le savoir ? Qu'on ne nous parle pas de beauté intérieure, de « jeune dans sa tête » ou quelque autre fichu lot de consolation pour croûton à la ramasse. Le Toujours Jeune Père éclate de vitalité à la face du monde, il ne se contemple pas dans un miroir de poche. Non, madame ! Non, les enfants !

En attendant de rabattre le caquet de cette fichue bande – et le caquet, faites-nous confiance, sera rabattu telle la lunette de W.-C. par le gentleman quittant les water-closets – voyons ensemble l'étendue affligeante du problème.

| Comment vous vous voyez | Comment ils vous voient |
|---|---|
| Un athlète capable de courir le 100 m en 10'12 | Un gros type tout rouge en survêt' qui va claquer dans le quart d'heure |
| Un fin cordon-bleu | Un assisté pas capable de se faire cuire un œuf sans en faire tout un fromage |
| Un séducteur aux tempes argentées | Un cochon libidineux |
| Un grand professionnel | Un effroyable donneur de leçons |
| Un musicologue averti | Un diplodocus bloqué sur les Beatles |
| Un fin analyste politique | Un dinosaure réactionnaire |
| Un modèle d'élégance discrète | Un gras-du-bide boudiné dans son shetland |

Bon, ça suffit ! Non, mais là, tout de même, avouez qu'il y a de quoi se mettre en pétard ! Nous n'avions pas voulu les dénoncer tout à l'heure, mais franchement ils exagèrent. Qui « ils » ? Qui ricane dans l'ombre telle la hyène putride guettant le springbock blessé ? Des jaloux ? Des ratés ? La horde compacte de fichus connards qui se presse autour de vous dans la rue, au bureau, dans les embouteillages ?

Oui. Évidemment. Mais pas seulement. Ah, comme nous aurions préféré ne pas en arriver là !… Fichu job. Accroche-toi, vieux gars, car le moment est venu de placer la chère vieille maxime de La Rochefoucauld (à moins qu'il s'agisse de Le Forestier. Maxime Le Forestier. Ha, ha !) : « On n'est jamais trahi que par les siens. » Et les siens, c'est qui, hein ? La famille proche ? La belle-famille ? Les collègues ? Non, plus près ! Tout près ! Là, derrière vous ! Attention, la conspiration vient de l'intérieur. Le complot s'ourdit dans la casbah. Les séditieux ricanent dans l'ombre de votre aile nourricière. Ne nous voilons pas plus longtemps l'hideuse réalité : au sein même du doux foyer on murmure dans notre dos. On a son opinion. On brocarde en douce la chère vieille silhouette du commandeur… Atroce. Qui ? Mais l'enfant, ami, ton propre enfant, la chair de ta chair, ta progéniture montée en graine ! En un mot, mon pote, ton ado !

Sachez reconnaître leur silhouette

L'adulte est convexe

L'ado est concave

Dans leur infinie sagesse, les Toltèques – à moins qu'il ne s'agisse des Mayas, ou des Yougoslaves – l'avaient prédit, en gravant dans la pierre de leurs pyramides à degrés des tortues, des ronds et des serpents à plumes qui ne laissent aucun doute : en grandissant, l'enfant devient moins crédule. Tout d'abord, il ne croit plus au Père Noël. Puis, de fil en aiguille, il cesse de croire en votre infinie sagesse. Pire, il pense tout savoir mieux que vous.

C'est sûr, le coup est rude. Tu es sonné, ami, mais tu te relèveras, comme un sacré petit bonhomme. Tu en as vu d'autres. L'audit de la boîte, en 1998. La réparation du chauffe-eau. La facture de l'orthodontiste pour la petite...

### NON SEULEMENT UN MALENTENDU, MAIS AUSSI UN ODIEUX COMPLOT !

L'ado, donc, l'enfant d'hier pas encore devenu l'adulte de demain, s'est installé dans l'âge ingrat comme le contrôleur de gestion devant le bilan de la boîte, animé par l'idée absurde qu'il sait tout mieux que vous. Car son but n'est pas seulement de prendre son envol telle la poilue chenille s'élançant hors de la chrysalide douillette, ainsi que les plus naïfs d'entre nous pourraient le croire. Nononon. Le cher jeune sbire, mû par quelque instinct freudien, est animé par le sentiment confus de devoir écorner l'image paternelle afin de mieux s'en détacher. D'où son adorable entêtement à vouloir se mesurer à vous, jusque dans des domaines où votre supériorité, pourtant, ne fait pas de doute. Il va vous défier au Monopoly. Vous expliquer la IIIe République. Jouer le solo d'*Hotel California* sur le Bontempi familial. Vous affronter au baby-foot ! Vous, le roi de la roulette ! Le dieu de la gamelle ! De rudes moments se préparent. Ainsi, l'ado se construit-il sur les ruines de l'omniscience paternelle.

Est-ce là tout ? Hélas, non. Car l'ado, dans sa touchante croisade, n'est pas le seul à remettre en doute votre toujoursjeunepèritude. Il y a complot, disions-nous. Faction rebelle. Conjuration tacite. Vous avez été sonné ? Vous le serez de nouveau, ami (car les factieux sonnent toujours deux fois), quand vous saurez qui a rejoint la coterie des putschistes, mus par le dessein sournois de contester votre éternelle, votre insolente jeunesse. Et ce nouveau conjuré, c'est…

Ta femme, ami.

Fatalitas ! Les enfants encore, admettons. Le titre même de cet épatant ouvrage vous avait laissé entendre qu'il en serait question ici ou là, puisqu'il ne peut pas y avoir de père sans progéniture. Et puis les fichus bougres sont de tempérament ricaneur, chacun sait ça. Mais votre femme ! La chère compagne de vos nuits ! La dame de vos pensées ! Elle, qui hier encore se jetait à votre cou en roulant des yeux ivres de désir, les bras chargés d'une succulente tarte Tatin… Elle ne fait tout de même pas partie de vos détracteurs ?

Hélas, si. Lorsque vous ne faites pas gaffe, affalé

superbement sur le canapé du salon devant la télé, tel le lion majestueux regardant paître l'antilope, elle vous épie du coin de l'œil. Elle vous jauge. Elle trouve que vous avez grossi, ou Dieu sait quelle autre ineptie propre à l'intuition féminine. Car la femme, dans son mystère éternel, est faite pour moitié de convictions inébranlables, au premier rang desquelles celle de détenir la vérité. Surtout à votre sujet. Sous prétexte que vous êtes mariés depuis un paquet d'années, elle pense tout savoir sur vous (alors que, pour votre part, vous avez toujours un mal de chien à vous souvenir de la date de son anniversaire).

Oui, bon, d'accord, mais que pense-t-elle vraiment ? La chère moitié a-t-elle définitivement rejoint le camp des opposants, alors même que vous comptiez sur elle pour maîtriser les ados pendant votre sieste ? Nous disons hop, hop, hop ! Et même holà ! Tout au contraire, certes, elle trouve que vous avez grossi, mais elle songe tendrement que c'est en partie grâce à elle et à sa succulente cuisine[1]. D'ailleurs, elle ne vous trouve pas gros, mais confortable. Vous voyez comme on peut se tromper. Et puis ces années passées de conserve comme deux boîtes de petits pois au fond du placard l'ont changée, elle aussi. Oh, si peu ! Néanmoins, la vérité scientifique nous contraindra, dans notre formidable entreprise de toujoursjeunepèrisation des masses, à étudier prochainement son cas, puisqu'elle fait sa maligne. Et ça va chier, croyez-nous.

Mais nous n'en sommes pas là. Concentrons-nous à présent sur les jeunes sbires. Car, disons-le de nouveau, si un jour vous devenez grand-père, ce sera essentiellement leur faute.

Oh, ce n'est pas pour tout de suite, rassurez-vous. Mais la machine est en marche. Vous avez envie qu'on vous appelle « le papet » ? « papito » ? « pépé », tant qu'on y est ! Non ? Eh bien il va falloir se bouger, vieux gars.

1. Et à la vôtre. Car nous ne sommes plus au temps (béni) du Daron à l'Ancienne, et vous aussi, vous vous activez au fourneau. Vos œufs au plat sont mondialement réputés dans l'immeuble. Surtout quand vous faites des mouillettes. Miam.

**VOUS N'Y COUPEREZ PAS !**
**Le grain de sel de Lionel Choupard, président de l'Apap**

Le saviez-vous ? L'ado est la première cause de divorce dans les pays industrialisés. En effet, l'adolescent lambda multiplie par 2,27 le coefficient d'irritabilité au sein du couple (étude Apap). Alors, que faut-il faire ?

Souvent, l'homme moderne, s'il veut sauver son ménage, n'a d'autre issue que de jeter le trublion à la porte, nanti d'une bonne paire de gifles. C'est sans doute excessif. Car enfin à qui la faute ? Si madame ne cessait à tout bout de champ de prendre parti pour son enfant, les choses en iraient autrement ! Mais il y a hélas entre la femme et le jeune une connivence coupable qui confine parfois à la collusion.

C'est bien dommage.

Vous pouvez y mettre un terme. Faites valoir à madame votre épouse le fait suivant, incontestable (étude Apap) : lorsque les deux parents réprimandent de conserve le fautif en criant en même temps, la stéréo augmente de 32 % l'effet de sidération sur le jeune, qui généralement se le tient pour dit. CQFD.

## L'admiratif sifflement d'Antilogus et Festjens

Mazette ! 32 %, vraiment ? Nous l'ignorions ! Merci, Lionel.

Deuxième partie

# L'ADO, VACHERIE DU DESTIN !

*Le moment est grave. L'atmosphère rarifiée. Nous vous demandons à tous de bien vouloir éteindre votre cigarette et d'attacher votre ceinture, parce que ça va secouer.*

*Nous avons vu se profiler dans le chapitre précédent l'inquiétante figure de l'ado. Eh bien sachez-le, il ne va plus vous lâcher. Et quand nous disons « il », nous pensons également « elle ». Car malheureusement le mot « adotte » n'existe pas encore, malgré nos courriers insistants auprès de l'Académie française. C'est moche.*

*Le mot « ado » désignera donc, dans les pages vertigineuses mais effrayantes qui suivent, aussi bien le petit gars que la grande bringue, le benêt que la bécasse, le grand dadais que la petite grosse.*

*L'ado est-il, comme le dit Lao Tseu, « un tigre fou lâché dans une jonque pleine de riz gluant » ? Est-il « une créature de la nuit tombée comme un fléau sur le monde » (Schopenhauer) ou juste « un foutu bon à rien d'incapable » (garage Maurice, Gennevilliers) ? Unique certitude : l'adolescent traîne depuis les temps les plus lointains sa faible carcasse à la surface du globe...*

*Au moment d'explorer ensemble les recoins les plus tortueux de « l'âge ingrat », nous recommandons à nos lecteurs souffrant d'hypertension artérielle de sauter immédiatement les sept chapitres qui suivent. Leur santé est à ce prix.*

Chapitre 4

# L'ADO EST-IL VRAIMENT PIRE QUE L'ENFANT ?

De nombreux lecteurs, déjà, transpirent dans le T-shirt qui moule à la perfection leur torse musclé. Ce que l'on entend dire ici ou là est-il exact ? L'ado a-t-il réellement un pouvoir de nuisance supérieur à celui de l'enfant ? Difficile à croire quand on se souvient de tout ce dont le petit être était capable : courir partout comme un éléphanteau pris de colique, briser de précieux bibelots acquis après des heures de marchandage à Vallauris, crier en pleurant, baver en criant, pleurer en bavant, se jeter par terre dans la rue, vous faire passer pour un bourreau d'enfant… C'était moche, ami. Mais n'ayez aucune illusion, l'ado peut faire tout ce que faisait l'enfant. Et pas mal d'autres trucs. Et en plus, souvent, il est altermondialiste. Ce que l'enfant n'était pas. Non, monsieur, rendons-lui au moins cette justice, l'enfant n'était pas altermondialiste ! C'est à peine s'il savait situer Davos sur la carte de la Grèce.

Vaut-il mieux avoir à la maison un adolescent ou un enfant ? Depuis la nuit des temps, à l'ombre des oliviers ou sur le coin du zinc entre chorizo et pistaches, les hommes de culture ont débattu de cette grave question. Sans réussir à se mettre d'accord. Faut-il pour autant refermer le dossier, commander un septième pastis et parler d'autre chose, de bagnoles, de gonzesses super-bien gaulées ? Pas nécessairement. Car quelques certitudes luisent malgré tout dans les ténèbres. On sait désormais, grâce aux remarquables travaux du Pr Ramon Djogrovic (de l'Apap), que trois éléments distinguent essentiellement l'ado de l'enfant.

## LE PHYSIQUE

Souvenez-vous : l'enfant, avec son format réduit, était commode à maîtriser. On pouvait le plaquer au sol en cas d'épreuve de force, l'envoyer se coucher d'un froncement de sourcils – ou au besoin avec une bonne baffe. Avec l'ado, grand et costaud, c'est une autre paire de manches. Attention, monsieur, allez-y doucement ! L'escogriffe est peut-être plus fort que vous, il pourrait vous en retourner une sévère dans la poire. Et ce serait une perte de prestige.

*Le bon côté de la chose*

L'ado, immense, est aisément repérable, un peu comme les usines d'armement de la Ruhr par temps clair quand déferlaient les vagues de B29. Rappelons qu'à l'inverse un adversaire de petite taille peut se montrer terriblement dangereux. On se souvient du sort atroce du détachement Harrington pendant la guerre du Transvaal : les cruels Zoulous nains s'étaient avancés tels des serpents sournois sous le couvert des hautes herbes pour surgir au beau milieu du five o'clock tea. Au terme d'une lutte confuse et sans gloire, l'orgueilleux colonel Harrington n'avait dû son salut qu'à une fuite éperdue à dos de buffle.

Qui aimerait connaître une telle déconvenue ?

## LA PAROLE

Avec son vocabulaire sommaire et pauvre – on pourrait dire enfantin –, l'enfant ne pouvait se lancer dans des joutes verbales avec vous ni résister à votre formidable éloquence. L'ado, plus aguerri, doté d'un vocabulaire élargi (70 mots au lieu de 30), peut au contraire vous tenir tête et argumenter. Énervement garanti.

Prenons une situation de la vie courante avec un enfant :

*Vous :* Léo, va ranger ta chambre !

*L'enfant :* Nan !

*Vous :* Léo, attention, je vais me fâcher !

(Léo part en pleurant… La chambre ne sera pas rangée.)

Et maintenant la même situation avec un adolescent :

*Vous :* Léo, s'il te plaît, tu ne voudrais pas un peu ranger ta chambre ?

*L'ado :* Ouais, c'est bon, lâche-moi…

*Vous :* Allez, un petit effort, je te donnerai un billet de 20…

(Léo part en ricanant… La chambre ne sera pas rangée).

On le voit, c'est très différent… Il va falloir vous y faire !

*Le bon côté de la chose*

Avec l'ado, la persuasion devient possible. À condition de faire tomber le pognon.

**LE MENTAL**

L'enfant était crédule et impressionnable, vous pouviez lui faire gober n'importe quoi : des histoires de sorcières ou de géants qui allaient venir le dévorer tout cru dans son lit s'il n'était pas sage, et plein d'autres trucs traumatisants et super efficaces… Avec l'ado, ça marche moins bien. Il joue les blasés, le type que rien n'épate. Vous allez devoir vous creuser la tête pour réussir à lui bourrer le mou.

Quelques suggestions ?

— Menacez-le de balancer sur Internet qu'il dormait encore avec son doudou à l'âge de treize ans et demi.

— Faites-lui croire que vous avez trouvé sa cache de haschich.

— Dites-lui que s'il continue à ne pas ranger sa chambre, vous allez lui envoyer Joey Starr, un de vos potes, pour qu'il lui casse la gueule.

Tout cela devrait le faire flipper grave, le petit gars !

*Le bon côté de la chose*

Vous pouvez jouer aussi sur la maturité naissante de votre adolescent et faire appel à sa raison… Ha, ha ! mais non, c'était juste une blague !

**Un peu d'étymologie…**

Le mot « enfant », on le sait, vient du verbe « enfler ».

L'enfant est celui qui enfle d'abord l'abdomen de sa mère avant de gonfler tous ceux qui passent à portée de ses hurlements. Rien d'aussi net avec « adolescent »… Pour certains, le mot vient de l'arabe *abdul hassan*, qui signifie « jeune chameau malpoli ». Pour d'autres, il évoque un personnage du XIIIe siècle, un damoiseau vindicatif qu'à la cour de Louis XII on avait surnommé le « nabot blessant ». Autre hypothèse encore – pour nous de loin la plus convaincante –, « adolescent » serait une contraction de la virile devise de la 76e division aéroportée, « Abdos et sang »… Chacun jugera. Mais relevons que cette affaire d'étymologie est en elle-même bien révélatrice : avec l'enfant, tout est clair et simple ; avec l'ado, c'est plus compliqué, ami Toujours Jeune Père.

C'est sacrément plus compliqué…

## L'ADO À TRAVERS LES ÂGES, UN BILAN CATASTROPHIQUE !

**Le grain de sel de Lionel Choupard, président de l'Apap**

Le saviez-vous ? Il y a toujours eu des adolescents à la surface du globe, à chaque époque de l'aventure humaine. Mais il faut le dire, ils n'ont laissé dans l'histoire qu'une empreinte déplorable.

Aux temps préhistoriques, de constitution frêle, facilement effrayés par les dinosaures, les jeunes restaient dans la caverne avec les femmes pendant que les chefs de famille partaient courser le mammouth dans les éboulis. Et ces vandales en profitaient pour gribouiller sur les parois de la grotte ! Eh oui, il y avait déjà des « tagueurs » en cette période reculée. Mais personne n'avait encore lu Françoise Dolto, et les mandales partaient sec. Tout le Paléolithique supérieur est marqué par le claquement des baffes dans les vallées post-glaciaires.

C'est durant l'Antiquité que l'adolescent acquiert ses caractères définitifs : hirsute (Gaulois), braillard (Germain), délirant (Jésus-Christ). L'Égypte et ses hiéroglyphes lui donnent le goût de la bande dessinée, la Grèce celui du sandwich grec. La civilisation romaine lui enseigne l'art de manger vautré. Plus tard, il semble bien que ce soient des groupes d'ados difficiles, chassés de la yourte familiale, qui aient ravagé l'Europe d'un bout à l'autre. Des loubards et non des barbares, comme on l'avait annoncé un peu vite. Qu'il nous soit permis de présenter ici des excuses aux Ostrogoths injustement accusés, ainsi qu'à leurs ayants droit. Rappelons encore que chez les Assyriens des adolescents étaient régulièrement sacrifiés au dieu Bâal pour apaiser la fureur du ciel. La pratique s'est perdue. Certains le regrettent.

Au Moyen Âge, c'est l'adolescente Jeanne d'Arc qui entraîne l'infortuné royaume de France dans une guerre de cent ans. Bien joué, Jeannette ! Cent ans de malheur ! La « Folasse de Lorraine », comme on la surnomme, entend des voix, c'est une schizophrène. Il faudrait lui administrer des potions à la mandragore, prier pour sa guérison dans tous les monastères et cloîtres de la chrétienté. Au lieu de quoi, comme toujours, il se trouve des adultes complaisants pour enfiler l'armure et la suivre dans une métallique chevauchée qui préfigure un peu le Paris-Dakar (avec, en plus, des aspersions d'huile bouillante et de poix fondue)... Pour finir, la Pucelle d'Orléans est saisie par les Anglois et brûlée vive en place publique ! Une fin qui devrait faire réfléchir nos actuels jeunes délinquants.

L'ado à travers les âges

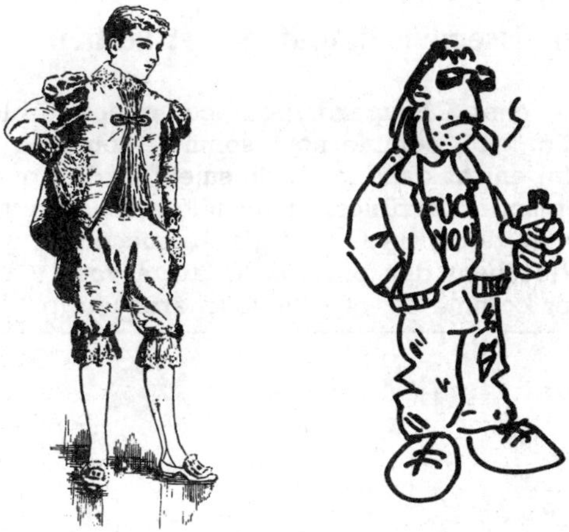


1. Le délinquant Renaissance 2. Le bon élève moderne

Avançons encore de quelques siècles et retrouvons le jeune Gavroche. Porté aux nues par des plumitifs irresponsables, haute figure des journées d'émeute antimonarchistes de juillet 1848, cet imposteur n'était en réalité qu'un voyou aux résultats scolaires déplorables. Non, monsieur Hugo, s'il est tombé par terre, ce n'est pas la faute à Voltaire ! C'est la faute à son père, Hervé Gavroche, alcoolique notoire et bolcheviste avant l'heure, qui le laissait errer dans les rues.

Il fallait que la vérité historique éclatât.

Plus proche de nous, en avril 1945, dans un moment d'égarement, le maître du III$^{e}$ Reich, un vieil homme pourtant hyper-méfiant, confie la défense de Berlin à ses Jeunesses hitlériennes, un groupe de scouts imberbes qui « se la pètent un max » ! Le résultat ne se fait pas attendre, Berlin est enfoncé, défoncé, réduit à un tas de gravats. Beau résultat !

## L'applaudissement d'Antilogus et Festjens

Merci, cher Choupard, pour cet exposé éblouissant d'érudition. Ah, comme nous sommes soulagés de vous voir enfin entrer dans le vif du sujet ! Et dire que, après tant d'épisodes terribles, l'humanité a réussi à survivre ! Serrons les dents : à la nuit glacée succédera une aube pleine du chant des pinsons. Quant à vous, Choupard, continuez comme ça, et vous toucherez une prime !

## Chapitre 5

# COMMENT IDENTIFIER UN ADO À COUP SÛR

Oui, parce que, enfin bon, ce n'est pas si simple. La confusion est toujours possible entre l'adolescent et l'enfant de grande taille, par exemple. On peut aussi confondre l'ado et ses quasi-homonymes, le radeau, le badaud ou le cadeau (un moyen mnémotechnique pour ne plus les confondre : l'*ado* n'est pas un *cadeau* !... De rien). Afin d'éviter ce genre de bévue toujours regrettable, un protocole d'identification en cinq points a été élaboré par les chercheurs de l'Apap.

**1. L'âge :** si votre enfant a plus de treize ans et moins de vingt, c'est un ado. Mais bon. Il y a des ados précoces de onze ans, et des grands machins de vingt-cinq qui le sont toujours, au moins dans leur tête. L'État lui-même, dans une crise de démence électoraliste, a jadis décrété qu'on était adulte à dix-huit ans. Ha, ha ! C'est dire si le seul concept de l'âge ne suffit pas. Eh si, l'État, de temps en temps, se fout du monde.

**2. La taille :** l'ado, nous l'avons vu, est en général

plus grand que l'enfant. C'est d'ailleurs l'une des méthodes pour les différencier, ainsi que nous le verrons plus loin. Il se peut même qu'il soit gigantesque, avec de brusques poussées asymétriques (un coup des jambes, un coup des bras) qui lui donnent l'air d'un réverbère style nouille. D'où l'expression : « Ça va, mon grand ? » Mais attention, ça ne marche pas toujours. L'enfant danois est plus grand que le teen-ager pygmée. En France même, certains ados restent petits. Les psychiatres parlent alors de « nabolescents ».

**3. Les boutons :** l'ado a des boutons, de même que le berger a des moutons. C'est l'une de ces lois dont la nature farceuse a gratifié l'humanité. Observez bien, on dit « doux comme une peau de bébé ». On ne dit pas « doux comme une peau d'ado ». Ce serait dingue. Cela dit, pas de panique. Avant d'appeler Dermatos sans frontières, comparez votre rejeton au schéma ci-dessous.

Fig. 1 :
normal

Fig. 2 :
pas grave

Fig. 3 :
tirez-vous,
c'est sûrement
contagieux !

**4. Les autres changements du corps :** l'adolescence est la chic période où le corps se couvre de poils (jusque dans une certaine mesure, c'est normal. En revanche, si votre ado commence à ressembler à Demis Roussos, consultez). C'est aussi la période où les seins poussent (là encore, si votre ado ressemble à Demis Roussos, consultez), où la voix mue, où le cheveu devient gras (à moins que ce soit dû à la méfiance atavique de l'ado pour le savon) et toute cette sorte de choses. On comprend que le jeune type soit sujet au cafard.

**5. Les fringues :** si votre fille chérie préférerait se couper les deux jambes plutôt que d'aller faire des courses avec sa mère, si votre grand machin ne met plus le très joli blouson Transformers que vous lui avez acheté pour Noël, c'est un signe. En devenant ado,

l'enfant commence à s'habiller comme un sac, c'est bien connu. C'est ce qu'on appelle le sac ado. Ha, ha !

Si votre enfant, ami TJP, rassemble au moins trois de ces cinq critères scientifiques, nous avons une bonne et une mauvaise nouvelle. La bonne, c'est que notre protocole d'identification fonctionne à merveille. La mauvaise, vieux, c'est que tu as bien un ado à la maison. Ah, mince… Mais attention, quel ado ?

### Les complexes des teen-agers

Ce qu'il y a de rigolo avec les ados, c'est qu'ils n'aiment pas être des ados, alors que des tas de vieux pitres à queue-de-cheval genre David Beckham, des monceaux de mamies refaites de partout rêvent de leur ressembler.

Un ado ne se trouve pas beau. Une ado, même ravissante (comme nos filles), aimerait avoir les cheveux bouclés s'ils sont raides, ou raides s'ils sont bouclés. Ou alors elle se trouve trop grande. Ou trop petite. Ou trop grosse. Eh, oh, ça va bien, oui ?

Le Toujours Jeune Père (un type jovial avançant dans la vie comme une sorte de super-tanker lancé hardiment dans la rade d'Ouessant par temps de brume) doit avoir conscience de ces inhibitions juvéniles que lui-même éprouva autrefois. Un temps lointain, sauf pour ceux de nos lecteurs qui vivent repliés dans leur cave avec un sac sur la tête, et nous leur adressons au passage un salut fraternel.

**Le complexe d'infériorité** : l'ado se sent inférieur aux autres. Peut-être parce qu'il est trop petit, auquel cas il voudra se venger de tous et devenir, disons, président de la République ou Napoléon. Ou parce qu'il se trouve nul. (Rien à voir avec les cours. L'ado nul en classe est, au contraire, un héros pour ses congénères.) Ou parce qu'il se trouve moche, et c'est idiot, puisqu'il vous ressemble. Et avouons-le, vous êtes tout de même, madame, monsieur, tout à fait ravissants. Dites-le-lui, ça le rassurera.

**Le complexe d'Œdipe** : l'idée de base est de tuer son père et d'épouser sa mère. Ou le contraire. C'est idiot.

**Le complexe Skywalker** : l'idée de base reste de tuer son père, mais avec un sabre laser. C'est n'importe quoi. Méfiez-vous tout de même.

**Le complexe sportif** : incapacité de se hisser en haut d'une corde lisse ou de courir le 1 500 mètres ? L'ado malingre peut souffrir d'un complexe sportif. Il faut donc traiter d'urgence. Emmenez-le voir un match de l'équipe de France, puis dites-lui combien ces fichus pitres sont payés. Ça le rassurera. Le syndrome du survêt'-qui-fait-un-cul-énorme est une variété de complexe sportif réservé aux filles.

**Le complexe hôtelier** : un comportement regrettable qui pousse le teen-ager à se comporter à la maison comme s'il était au Plaza. Sa mère accepte mal d'assurer le room service.

## Les ados, tous différents, tous pareils !

À présent que le doute n'est plus permis et qu'il est hélas certain qu'il y a un ado à la maison, il faut aller plus avant dans l'étude du phénomène. Et tout d'abord, attention ! Il serait vain de vouloir définir l'ado comme une entité cohérente, uniforme et toute d'un bloc comme, par exemple, le gâteau de riz (miam !). Des ados, disons-le tout de suite, il y en a de toutes sortes. Déjà, il y a des ados filles et des ados garçons. Et d'une. Mais cette classification subtile dont les conséquences, ainsi que nous le verrons plus loin, pourront se révéler effroyables ne suffit pas. Car le sympathique troupeau, tous sexes confondus, se range dans cinq grandes catégories, présentées ici par une commission d'experts de l'Apap (Alliance des penseurs accablés et philosophes).

### 1. Le concerné

À la différence de son père, qui est cerné par les cons, le concerné s'intéresse aux difficultés du monde, avec la conviction intime de détenir la solution au problème. Quel problème ? Tous. L'environnement. L'Union de la gauche. La faim dans le monde. L'affaire Clearstream. La dialectique hégélienne.

Grâce à ses lectures (Wikipédia), l'ado concerné ne se contente pas de goûter son savoir comme une sorte de Diogène macérant dans son tonneau. Nononon. Tout à la fois philosophe, politologue, sociologue et j'me-la-pète (grave), il veut vous en faire bénéficier et vous ouvrir les yeux. C'est l'une des raisons pour lesquelles le concerné est souvent en conflit avec son père. Des fois, vous vous demandez s'il ne fume pas de la drogue. Sa chambre est en désordre.

*Comment le reconnaître ?*

Facile. Le teint blême, il est vêtu d'un jean, d'un T-shirt et d'une veste informe (en réaction contre les diktats de l'apparence). Avec une écharpe. Les filles portent un grand sac en bandoulière.

## 2. L'artiste maudit

Variété autonome du concerné, l'artiste maudit ne tente pas de sauver le monde, mais s'efforce de le rendre plus beau, ce qui est gentil de sa part. Pour cela, il joue de la basse dans un groupe de death metal. Ou alors il peint dans un collectif d'art déstructuré. Ou il va à la cinémathèque et savoure des films bosniaques sous-titrés en serbe. C'est magnifique.

**L'intello** (pas de panique, c'est juste un ado de base qui lit Camus) est un sous-genre d'artiste maudit. Même pour dormir, il ne quitte pas sa longue écharpe, couvrant une gorge faite pour déclamer des poèmes dans la bise des squares municipaux. Sa chambre est un vrai foutoir.

*Comment le reconnaître ?*

Outre la longue écharpe, il est vêtu d'un jean, d'un T-shirt et d'une veste informe (c'est son côté artiste). Les filles portent un grand sac en bandoulière. Sans oublier le teint blême.

**Comment savoir si votre ado est prêt pour la *Nouvelle Star* ?**

Cochez la bonne réponse

- Est-ce qu'il/elle est coiffé(e) comme un pitre ?

❐ Oui ❐ Non

- Est-ce qu'il/elle a un prénom grotesque, genre Shana, Floan, Issa, Benji ?

❐ Oui ❐ Non

Si vous avez coché une fois oui, il/elle est prêt(e). C'est formidable. Vous allez devenir fabuleusement riche. Tsss...

## 3. Le fêtard

Diamétralement opposé aux précédents, le fêtard n'ouvre jamais un journal. D'ailleurs, vous n'êtes pas certain qu'il sache lire. Sa devise : *I want to move it-move it.* Il sort jusqu'à pas d'heure, se repose durant les cours et ramène plein de copains/copines à la maison, qui ont invariablement un air de zombies béats. Il n'est pas impossible qu'ils fument de la drogue. Sa chambre est un cauchemar. Vous n'y mettez plus les pieds.

Le **supporter** est une variété de fêtard particulièrement pénible, dont la passion n'est pas de brûler le dance floor, mais d'allumer le feu au Parc. Il se différencie des autres ados par le fait que son écharpe est aux couleurs du club, et donc particulièrement moche. Il ne fume pas de la drogue, mais boit de la bière. Sa chambre est en désordre et pue la chaussette de foot.

*Comment le reconnaître ?*

Vous ne pouvez pas vous tromper. Le teint blême, il est vêtu d'un jean, d'un T-shirt et d'une veste informe (super-fashion). Avec une écharpe. Les filles portent un grand sac en bandoulière.

**4. Le masque de fer**

Celui-là, au contraire, ne quitte pas sa chambre, équipée d'ordinateurs, de télés, de bédés, de débris alimentaires non identifiés, de collections multiples (peluches, personnages de Star Wars, bâtons de sucettes) et de linge sale dont les strates les plus anciennes se transforment lentement en compost. Sa vie sociale se déroule sur Facebook, il commande des pizzas sur Internet, il télécharge de la musique sur Internet, il regarde des films sur Internet, il joue en ligne. Outre le teint blême, il a des boutons. C'est l'une des raisons pour lesquelles, quand il est contraint de sortir (cours, pénurie de haschich), il s'enveloppe le bas du visage dans une longue écharpe et cache le haut dans un bonnet.

*Comment le reconnaître ?*

C'est évident. Il est vêtu d'un jean et d'une veste informe (ramassée par terre). Nous avons déjà évoqué le teint (blême) et les boutons. Les filles portent un grand sac en bandoulière.

## 5. Le collabo

Bien peigné, propre sur lui, brillant, souriant, serviable, il range sa chambre et ne fume pas de drogue. Il n'a qu'un défaut, il n'existe pas. Ah, c'est moche... Bon, d'un autre côté, ce n'est pas plus mal. Sinon, on s'embêterait.

*Comment le reconnaître ?*

Inutile d'insister. Il n'existe pas.

### Le cas particulier de l'atroce

Tous les ados sont chiants, c'est entendu, c'est même à ça qu'on les reconnaît (outre le jean et la veste informe). Il peut même arriver qu'ils soient franchement pénibles. Voire hypergonflants. Mais il arrive aussi qu'ils soient touchants, drôles et gentils, et c'est une sacrée bonne nouvelle. Pas vrai ?

La mauvaise, c'est qu'il y aussi d'effroyables phénomènes. Des qui volent. Des qui fuguent. Des qui sont violents. Des qu'on ramasse au poste. Des qui vénèrent Satan. Des qui vénèrent sa tante.

Y songer lorsque votre ado vous gonfle.

Ce qu'il y a d'hyperchouette dans la classification qui précède, c'est que ça marche à la fois pour les filles et pour les garçons. À part le sac en bandoulière, qui est un bon moyen pour reconnaître une ado fille. Encore qu'il y ait aussi des garçons qui portent un sac en bandoulière. Ah, vacherie… Enfin bref, on s'en fout. Retenons que les autres ados forment un troupeau bigarré et restons concentrés sur ceux qui nous préoccupent actuellement, les vôtres. À présent que vous avez :

1. suivi notre protocole et identifié votre enfant comme étant un ado ;

2. défini à quelle catégorie il appartient (et avouez que nous avons déjà sacrément progressé, tout de même) ; il s'agit maintenant

3. de prendre en compte le sexe du rejeton et de considérer les avantages et les inconvénients de l'ado fille et de l'ado garçon.

… Non pas que vous puissiez en changer, même si au bout du compte vous estimez que l'autre genre a l'air mieux. Ça ne se fait pas. C'est même probablement interdit. Vous les avez voulus, vous faites avec, jusqu'à leur majorité et au-delà. Le calice jusqu'à la lie et toute cette sorte de choses.

### L'ado garçon, l'ado fille : le banc d'essai

Disons-le tout de suite afin de dissiper tout fâcheux malentendu : l'un et l'autre sont épatants. Sisisi. Ou également redoutables, si vous préférez. Cependant, l'ado fille et l'ado garçon ont chacun leurs bons et mauvais côtés, que le Toujours Jeune

Père en pleine possession de ses moyens se doit de connaître :

| **Compétences** | **Fille** | **Garçon** |
|---|---|---|
| Ranger sa chambre | Nul | Nul |
| Faire ses devoirs | Assez bien | Passable |
| Imiter votre signature | Bien | Très bien |
| Rentrer à pas d'heure | Excellent | Excellent |
| Entrer sans réveiller toute la casbah | Bien | Nul |
| Être vaguement poli avec les invités | Assez bien | Médiocre |
| Filer un coup de main dans la maison | Passable | Nul |
| Vous aider à porter les valises | Nul | Assez bien |
| Jouer au foot | Nul | Bien |
| Jouer à la console vidéo | Médiocre | Trop fort (c'est énervant) |
| Faire des courses avec sa mère | Bien | Nul |
| Vous télécharger une chanson | Excellent | Excellent |
| Être vaguement propre | Assez bien | Médiocre |
| Fumer de la drogue | Bien | Bien |
| Jouer *Let it Be* à la guitare | Passable | Bien |
| Vous aider à monter l'étagère Billy® | Nul | Moyen |
| Vous piquer votre cachemire | Excellent | Excellent |
| Le rendre troué | Probable | Certain |
| Ramener un boutonneux taciturne à la maison en vous annonçant son intention de l'épouser | Redoutable | Peu fréquent |

On le voit, le match est serré. Dans l'ensemble, la fichue bande se révèle assez peu opérante. Ne pas en attendre de miracles serait la consigne. Car une observation attentive de l'adolescent (et c'est le fichu job de l'Apap) nous enseigne que le cher grand machin, fille ou garçon, concerné ou artiste maudit, est hélas handicapé par un certain nombre d'incapacités physiques que la plupart des parents ignorent. Vous ne demanderiez pas à un éléphant de voler dans le ciel comme un gai colibri[1] ? Eh bien l'ado, c'est pareil. Il y a un certain nombre de choses qu'il ne peut tout simplement pas faire :

— refermer un pot de confiture ;
— ranger quoi que ce soit dans le lave-vaisselle ;
— ranger ses affaires propres dans son armoire ;
— ne pas jeter ses affaires sales en boule sur le sol ;
— faire son lit ;
— aérer sa chambre ;
— remettre sa serviette dans la salle de bains après usage ;
— étudier sans mettre la musique à fond ;
— fermer son blouson quand il fait froid ;
— accrocher son blouson quand il rentre ;
— se moucher au lieu de renifler tout le temps.

Peut pas ! Pas possible ! Physiquement incapable ! Nous le savons, cher vieux gars, tout cela est très agaçant, mais l'ado n'y peut rien. Même s'il voulait refermer le damné pot de confiture, il n'y arriverait pas. C'est l'un des mystères de la nature. Ce n'est

1. À moins qu'il ne s'agisse de Dumbo.

donc pas la peine de vous énerver ou de lui répéter cent fois les mêmes choses, vous n'arriverez à rien. Laissez plutôt votre femme s'en charger.

## VOUS LE DIREZ FORCÉMENT !

**Le grain de sel de Lionel Choupard, président de l'Apap**

Souvenez-vous, au temps de votre folle jeunesse, quand vos « vieux » étaient particulièrement « rasoir » (ah, époque bénie d'un langage fleuri !), vous vous étiez juré d'être différent. Et tout particulièrement de ne jamais prononcer les phrases odieuses qu'ils vous lançaient continuellement, sans aucun ménagement pour votre âme juvénile. Hélas, ces apostrophes cinglantes, ces mots terribles, jailliront de votre bouche malgré vous, tôt ou tard. Oui, vous direz forcément :

1. « On n'est pas à l'hôtel ! »
2. « Tu ne vas pas sortir habillée comme ça ? »
3. « Quand j'avais ton âge, je n'avais pas de téléphone portable et je me débrouillais très bien. »
4. « Je ne suis pas ta bonne ! »
5. « Baisse ta musique de malade ! »
6. « Range ta chambre ! »
7. « Ton amie Marine a une très mauvaise influence sur toi. »
8. « Va dans ta chambre ! »
9. « On voit que c'est pas toi qui payes ! »
10. « Ne parle pas comme ça à ta mère ! »
11. « Mais tu te fous du monde ! »

C'est comme ça. Vous n'y couperez pas.

## La réaction apeurée d'Antilogus et Festjens

Bon Dieu, ça fait froid dans le dos. Ah, quel impitoyable scrutateur de l'âme humaine vous faites, Lionel ! Cette fois, c'est dit : la prime est à vous.

Chapitre 6

# COMMUNIQUER AVEC L'ADO, TRUC DE OUF

L'image traditionnelle du père, osons le dire, n'a jamais été celle d'une infernale pipelette. Le rôle avait déjà été attribué à la mère. C'est dommage, mais c'est comme ça. Du coup, le gars s'est rabattu sur un personnage de taiseux certes énigmatique en diable, mais en même temps fichtrement pénible. À force de se murer peu à peu dans un mutisme sentencieux, combien de Toujours Jeunes Pères se contentent bientôt de grognements, de borborygmes et autres bruits intestinaux étonnants pour communiquer avec la smala ? Entreprise vouée à l'échec. Disons-le tout de suite, le message émis par des grommellements et des yeux terribles n'est pas toujours clair. Regardez les films de Delon. Ridicules, n'est-ce pas ? C'est ça que vous voulez ?

Il faut que cela cesse.

Même si vous prenez en toutes circonstances l'air du type qui n'en pense pas moins, il importe, cher vieux gars, de vous faire entendre dans la fichue baraque, c'est-à-dire – et c'est là où le titre du chapitre prend tout son sens – de communiquer avec les enfants. Oui, nous savons, ça va être dur. D'où le codicille : truc de ouf.

## COMMENT VOUS FAIRE COMPRENDRE DE VOS ADOS ?

Communiquer avec un ado est l'une de ces idées propres à l'espèce humaine et qui font rigoler le reste des animaux. On n'a jamais vu un coton de Tuléar vouloir communiquer avec ses chiots adolescents, hormis quelques « ouah, ouah ! » bien sentis, qui semblent suffire aux jeunes cabots pour comprendre que c'est l'heure de la promenade. L'aigle royal de Sibérie se contente d'un « iiik, iiik ! ». Le crotale d'un « ksss » particulièrement laconique.

Alors, bien sûr, on nous objectera que c'est la parole, justement, qui différencie l'homme de l'animal et que les fichues bêtes se situent tout en bas de l'échelle de l'évolution, du fait même de leur incapacité notoire à aligner deux mots correctement (hormis Coco le mainate, qui sait dire « Joli Cocoooo », mais ça agace rapidement tout le monde). Quitte à surprendre, nous ne nierons pas cet état de fait. Le coton de Tuléar est un animal sympathique, c'est entendu, mais c'est un crétin fini. Néanmoins, en y réfléchissant deux minutes (et c'est notre job), nous vous ferons remarquer que ce n'est pas de l'homme qu'il s'agit ici, mais de l'ado, et que le cher gandin utilise spontanément un vocabulaire extrêmement proche de celui du coton de Tuléar. Il ne dit pas « ouah, ouah ! », nous vous le concédons volontiers, mais « ouais, ouais ! » et avouez qu'on pourrait s'y méprendre. Ou alors il dit « ça va », sur un mode traînant et las (« ça vaaaa »). Ou « c'est bon » (« c'est booon »). Ou « truc de ouf », vocable assez proche de « ouaf », ce qui nous ramène au subtil clébard.

Faut-il dès lors adopter l'aboiement comme mode de communication préférentiel avec un adolescent ? Certains membres éminents du PAP (Parler Ado Peinard) le recommandent chaudement, mais nous ne souscrirons pas entièrement à cette thèse pourtant séduisante. Après de longues recherches, nous avons établi que la communication avec un ado requérait la mise en œuvre de trois techniques de base immuables. Nous les appellerons les quatre techniques de base (car nous venons à l'instant même d'en trouver une de plus).

## LES CINQ TECHNIQUES DE BASE POUR COMMUNIQUER AVEC UN ADO[1]

### 1. Faire des phrases courtes

Revenons un instant sur le sympathique coton de Tuléar et étudions la syntaxe canine, toute de simplicité. Le fidèle animal, nous l'avons vu, utilise le vocable « ouah, ouah ! ». Étudions cette phrase : verbe, complément[2]. Monosyllabes invariables. Pas de conjugaison. Mode impératif. Excellent. Le premier « ouah » attire l'attention du sujet, le deuxième transmet la consigne. Extraordinaire économie de moyens.

---

1. Nous en avons trouvé encore une. Ça pétille ! Bon sang, quelle forme nous tenons !
2. À moins qu'il ne s'agisse de deux verbes. Pas moyen de savoir, avec ces fichus clébards.

L'animal, mû par son formidable instinct, a compris que l'oreille adolescente, pleine de cartilages encore mous, ne pouvait retenir que des sons brefs. Une syllabe. Deux s'il le faut absolument, comme dans la locution « à table ![1]». Au-delà, l'ado perd le fil. Il n'entend plus. Prenez par exemple la locution « range ta chambre » : *rãz ta fãbr(e)*. Trois sons distincts d'affilée. Très mauvais. Beaucoup trop de mots. L'ado est désorienté. Il ne range pas sa chambre. Il aurait fallu dire : « Range ! *(Faire une pause.)* Chambre ! »

## 2. Ne pas essayer de parler comme lui

L'ado, vous vous en êtes probablement aperçu, cher vieux camarade nourri de poésie, utilise un langage sensiblement différent de celui du reste du monde civilisé, que seuls d'abominables fichus Papas Copains, omnubilés par l'idée démentielle de vouloir faire jeune, seraient tentés de s'approprier. Ce qui donne des phrases comme : « Genre, comment je kiffe trop ce que ta reum nous a fait à damer, elle est trop chanmé, grave ! » Outre le fait que de tels propos vous feraient instantanément passer pour un pitre et ruineraient probablement tous vos espoirs de promotion au sein de la Snecmap s'ils étaient prononcés en public, l'exercice se révélera parfaitement inutile, car une loi immuable de la nature oblige l'ado à abandonner dans le quart d'heure toute expression employée par l'un ou l'autre de ses parents.

---

1. Et déjà, l'ado a du mal à saisir le sens de la phrase. Il faut la répéter de nombreuses fois pour qu'il vienne à table.

### 3. Ne pas essayer de lui parler quand il a des écouteurs dans les oreilles

C'est-à-dire tout le temps. Certes, l'ado vous voit bouger les lèvres et adopter toutes sortes de mimiques persuasives, mais comme dans le même temps les Black Eyed Peas font « boom boom boom » dans ses oreilles, il ne vous entend pas. Pour ne pas vous contrarier, il dira « ouais, ouais ! » ou « ça va ! » (ça vaaaa !), mais il n'a pas entendu. Il ne va pas ranger sa chambre. C'est encore raté. Comment faire ? Utilisez le langage des signes. Gavé de rap ou de rock gothique, l'ado est un familier du *body langage*. En voici quelques exemples utiles :

« Range ta chambre ! »

« À table ! »

« Je ne retrouve plus mon pull bleu. Est-ce que c'est encore toi qui me l'as piqué ? »

### 4. Pousser des cris

Somme de toutes les techniques précédentes, le poussage de cri cumule de nombreux avantages : phrase courte, volume sonore maximum, mimique diabolique. Épatant. En un rien de temps, l'ado saura identifier vos hurlements les plus fréquents :

— *Ouaargh !* « Range ta chambre ! »
— *Iiiirrrfff !* « Le dîner est servi ! »
— *Hooueéékkk !* « Merci de passer au pressing récupérer la jupe de ta mère. »

### 5. Lui envoyer un SMS

Dans le cas tout à fait improbable où les techniques précédentes n'auraient pas abouti, l'envoi d'un texto est une garantie de succès, car le cher bambin ne se sépare de son portable que pour prendre son bain, c'est-à-dire rarement. Ne commettez pas l'erreur fréquente de rédiger le message avec des mots répertoriés par le dictionnaire. Ça se fait trop pas. Trop la honte. Relou. Voici quelques phrases d'urgence :
— *atbl,* « à table ! »
— *rg t chbr,* « range ta chambre ! »
— *mdr reum bult1,* « ton bulletin nous a fait beaucoup rire, ta mère et moi ! »

Une fois la communication ainsi rétablie, il est fort probable que votre ado se mette à son tour à vouloir vous parler. Et c'est là où le paroxysme atteint des sommets.

## COMMENT FAIRE SEMBLANT D'ÉCOUTER VOTRE ADO

Pourquoi votre enfant veut-il vous parler ? Pour vous demander de l'argent[1]. Oui, d'accord. Mais il peut également arriver à tout moment que votre fille chérie, que votre fils adoré décide subitement de vous entretenir de quelque chose, voire de vous demander votre avis, comme si vous n'étiez plus l'habituel vieux daron grave relou. J'avoue, c'est chaud.

1. Un billet de 20.

De nombreux Toujours Jeunes Pères auraient spontanément tendance en pareil cas à adopter un brusque repli stratégique, comparable à la manœuvre du bernard-l'ermite se recroquevillant dans sa grumeleuse coquille, assorti d'un conseil avisé du style « Va voir ta mère ». Très mauvais. À déconseiller. Le Toujours Jeune Père, ne l'oublions jamais, est un type formidable prêt à rendre service en toutes circonstances, solide dans la tempête comme une sorte de vieux loup de mer cramponné à la barre tandis que mugissent les lames de fond. C'est d'ailleurs ce qui fait tout son charme. Et puis, si dingue que cela puisse paraître, l'intitulé de ce chapitre est « Communiquer avec l'ado », ce qui implique une vague idée de dialogue.

Poser son journal est la consigne. Éventuellement – truc de malade – éteindre la télé. L'ado, ainsi conforté dans son élan de communication, va dès lors se lancer dans une diatribe enthousiaste, convaincue et confuse, au terme de laquelle il vous regardera d'un air interrogatif, comme s'il attendait une réponse. Seulement voilà, vous n'avez rien compris. Ou alors vous n'avez pas éteint la télé. C'est moche. Maintenant, vous êtes comme un con, et l'habituel grognement ne vous tirera pas l'épine du guêpier.

Heureusement, nous sommes là, pareils à des lumignons ballottés par la brise au fond de la caverne humide. C'est dire si vous pouvez compter sur nous. Bien. Voyons tout d'abord de quoi le grand dadais, la chère prunelle a voulu vous parler :

• **De ses études**

Pas bon. Soit le jeune pitre doit vous faire signer un truc déplaisant, genre convocation du CPE, arriéré de cantine ou avis de grève générale illimitée (en aucun cas, il ne peut s'agir d'un mauvais bulletin. Il y a belle lurette que votre ado sait parfaitement imiter votre signature en cas de coup dur), soit il a longuement (deux jours) réfléchi à une nouvelle orientation radicalement opposée à son cursus actuel. Passer un bac boulangerie. Abandonner le droit pour faire du chinois. S'inscrire à un mastère de psycho-sociologie appliquée. Dans tous les cas, vous n'aurez à vous occuper de rien, il s'est renseigné à fond (une heure), c'est déjà réglé. Sauf le chèque. Et c'est là où vous intervenez.

*Ne dites pas :* « Je te l'interdis formellement, tu m'entends ? »

*Dites :* « À quel ordre, le chèque ? »

• **De politique**

L'ado, ainsi que nous avons eu l'occasion de le signaler précédemment, est un type sympa (surtout les filles), mais animé d'un esprit de contradiction particulièrement développé. Si vous êtes de gauche (mort au capital, et toute cette sorte de choses), il sera de droite. Une sorte de Sarkozy jeune, bien peigné avec la raie sur le côté. Atroce. Si vous êtes de droite, il sera gauchiste. Si vous êtes socialiste, il sera communiste. Si vous êtes communiste, il sera centriste. Si vous êtes écolo, il laissera couler le robinet quand il se brosse les dents. C'est dire si la discussion est mal partie.

*Ne dites pas :* « Ça te passera quand tu auras un peu de plomb dans la cervelle, jeune crétin(e) ! »

*Dites :* « Tu m'as convaincu. Va convaincre ta mère, tu sais comme elle est, la pauvre... »

**• De ses amours**

Impossible. Vous avez mal entendu. Ou alors, c'est qu'il y a un polichinelle dans le tiroir. Ou qu'il (elle) veut vous le (la) présenter. Dans tous les cas, un air concerné est de mise. Éteindre la télé est recommandé. Si on vous montre une photo de l'être élu, ne poussez pas un cri d'horreur, ce serait mal vu. Nous y reviendrons.

*Ne dites pas :* « Tu ne vas tout de même pas te marier avec *ça* ! »

*Dites :* « C'est trop de bonheur. Il faut que j'aille m'étendre un peu. »

**• De l'une de ses passions**

Oui, car l'ado a des passions et, disons-le tout de suite, c'est rarement les études. Le cas ne se produit qu'une fois par siècle, et c'est malheureusement arrivé le 18 avril 2005 à Fribourg, lorsque la jeune Wilhelmina Schnitzel a annoncé à sa mère qu'elle adorait la physique. Vacherie. L'ado va donc vous entretenir du dernier Stinkin' Deaf Underwears, de la sélection de

Fabregua à la place de Niolo en équipe de France ou de Tekken Mario Punisher IV, sur lequel il a passé le niveau 12. Dans tous les cas, vous n'en n'avez rien à foutre, mais le dire abruptement pourrait vexer le cher bambin et lui donner l'idée absurde que toute communication avec vous est peine perdue.

*Ne dites pas :* « Tout ça, ça ne vaut pas les Beatles » (ou Space Invaders, ou Platini, adaptez selon la situation. Nous vous faisons confiance. Brave petit bonhomme…)

*Dites :* « Trop mortel. »

Ayant ainsi établi les bases d'un dialogue constructif, vous pouvez regarder le film peinard, pensez-vous. Eh ben non ! Car vivre avec un ado est une tâche ardue, comme on dit au pressing. Le jeune zigue cause bizarre ? Son comportement l'est encore plus. Il va vous falloir du cran, les gars. Nous entrons dans l'innommable.

**RESTONS CALMES !**
**Le grain de sel de Lionel Choupard, président de l'Apap**

Parmi les phrases débiles de l'adolescent qui est – il faut bien le lui accorder – un spécialiste en la matière, certaines auront le don de vous mettre hors de vous. Préparez-vous à les entendre.

1. « J'ai pas demandé à naître. »
2. « Tu ne me fais jamais confiance ! »
3. « Je veux vivre, tu comprends ? Vivre ! »
4. « De toute façon, tout ce que je fais c'est mal… »
5. « Personne ne me comprend, dans cette baraque ! »
6. « Il y a eu un problème avec la voiture. »
7. « J'ai un mot du CPE. Il voudrait te voir. »
8. « Tu vas rire, j'ai encore perdu ta carte Bleue. »
9. « Tu peux me passer 20 euros ? »
10. « Je peux avoir l'appart' samedi soir pour organiser une soirée ? »

C'est comme ça. Vous les entendrez. Vous n'y couperez pas.

## Le réflexe de survie d'Antilogus et Festjens

Ah, maintenant ça va, hein, Choupard ! Arrêtez ça tout de suite, vous flanquez les jetons à tout le monde ! Vous êtes devenu dingue ou quoi ?

## Chapitre 7

# VINGT-QUATRE HEURES AVEC UN ADO

Surtout, pas de panique ! On reste calme. Admettons, compte tenu de l'exceptionnelle qualité de vos méthodes éducatives, que chez votre fille ou votre fils la crise d'adolescence ne dure qu'une petite dizaine d'années, disons entre treize et vingt-deux ans. C'est évidemment une estimation optimiste. Mais cela représente tout de même 3 650 jours, sans compter les nuits – et il y en a exactement le même nombre ! Tiendrez-vous 3 650 jours, monsieur ? À titre de comparaison, sachez que les défenseurs de Fort Alamo n'en ont tenu que 11, et sans vouloir vous offenser, c'étaient des sacrés costauds, des types taillés à la John Wayne !

Oui, nous en arrivons à la même conclusion, vieux : ce n'est pas gagné d'avance. La partie s'annonce rude. Le bras de fer éreintant. L'affrontement frontal. Le corps à corps féroce. Le mano a mano époustouflant… D'où l'importance extrême de savoir précisément à quoi vous attendre. Et ne venez pas vous plaindre après qu'on ne vous aura pas prévenu !

## La journée type de l'ado (et de son papounet)

### • 7 h 30 du matin

Le vieux logis familial reprend vie après une nuit paisible. De la cuisine, où madame s'active déjà, montent de bonnes odeurs de café et de pain grillé – et peut-être de harengs frits avec des oignons, si l'on est chez vous d'origine lusitano-ouzbèke. Dans tous les cas, c'est une belle journée qui s'annonce. Unique point d'inquiétude, encore à peine palpable : rien ne bouge dans la chambre de votre ado. Il avait pourtant laissé entendre, vous semble-t-il, que ses cours au lycée Coluche débutaient à 8 h 15... Il devrait être levé. Il ne l'est pas. Tandis que madame vous apporte votre petit déjeuner au lit, ce détail vous tracasse.

### • 7 h 43

Toujours rien. Le jeune type serait-il mort ? À moins – hypothèse plus probable – que quelque autre incident ne se soit produit... Panne de réveil ? Coup de flemme ? Rendormissement après sonnerie ? Avant, quand l'ado n'était qu'un enfant, c'était facile, il suffisait d'aller le secouer gentiment par l'épaule en lui disant : « C'est l'heure, mon chéri ! » ou : « Debout, ma grande ! » ou « Zbrechlaf, Grabott ! » en cas d'ascendance lusitano-ouzbèke. Mais à présent, le boutonneux prétend se débrouiller par lui-même. Ha, ha, mieux vaut en rire !

**• 7 h 56**

Aucun développement nouveau. Il faut se résoudre à intervenir… Vous priez votre épouse (compagne, concubine, pacsonne ou ce que vous voudrez) d'aller voir ce qui se passe.

**ATTENTION, IMPORTANT, RECOMMANDATION DES TONTONS FESTJENS ET ANTILOGUS**

Face à votre adolescent, ne montez jamais en première ligne ! Vous êtes trop entier, monsieur, les choses s'emmancheraient de travers, les mots dépasseraient votre pensée et ce serait parti pour des semaines de bouderie et de mauvaise ambiance… Laissez faire madame ! Autant vous êtes entier, autant elle est du genre demi-écrémé. Quelle que soit la situation, elle saura trouver les mots qui conviennent. Et c'est une pensée bien réconfortante.

**• 7 h 58**

Tout s'explique, c'était un malentendu. Votre ado devait effectivement commencer ses cours à 8 h 15, mais M. Darteval, le professeur de science et vie de la Terre, est inopinément absent (il est en formation). Tout est repoussé d'une heure. Petite question quand même, comment l'ado a-t-il su que ce satané Darteval serait absent alors que ce n'était pas annoncé ? Pas le moindre mystère là-dessous : le jeune gars l'a appris dans la nuit grâce à son téléphone portable. Et nous abordons là, on le sent bien, un point capital. Pendant que vous dormez, monsieur, pendant que vous reconstituez votre force de travail afin de fournir dès l'aube un effort surhumain pour gagner de quoi nourrir les vôtres, les téléphones portables, invention satanique, crépitent et bourdonnent tels de perforants insectes. Toutes sortes de messages extraordinaires s'échangent, les textos fusent, les appels volent, l'information circule à pleins tubes, relayée par les responsables de classe et autres individus plus ou moins autorisés... Et tout cela se fait dans votre dos, ami, comme si vous n'étiez plus déjà que la cinquième, voire la sixième roue du carosse ! C'est sur cette réflexion amère que vous terminez votre café en vous grattant pensivement le ventre. Il va bientôt être l'heure de vous lever, de vous préparer à partir pour la Sofires (Société fiducière de réinvestissement et d'escompte), entreprise dont vous êtes l'une des têtes pensantes – pour ne pas dire le fleuron.

**• 8 h 3**

On sonne à la porte. Vous ouvrez. C'est Kevin – ou Akim, Léa, Thomas, Julien, Judith, Elsa, enfin bref le meilleur copain ou copine de votre ado. C'est étrange, vous connaissez cette jeune chose depuis une quinzaine d'années, mais vous êtes toujours infoutu de la reconnaître... Pourquoi ? Vous vous le demandez. Et vraiment, vous aimeriez le savoir.

**• 8 h 4**

Votre ado n'est pas le genre de type à se ruer hors du lit tel le renard avide de promener sa truffe dans la rosée matinale, mais il déboule d'un bloc dans le couloir... L'arrivée de son copain Akim l'a surpris et déstabilisé, d'autant que le susdit est porteur d'une nouvelle qui vaut son pesant de choucroute au riesling : ce n'est pas M. Darteval qui est absent, c'est Mme Fréchon, la prof de physique-chimie qui devait assurer le deuxième cours de la matinée (le nourrisson de sa sœur a la rubéole) ! Les explications entre les deux camarades sont assez confuses, mais il en ressort que le responsable de classe se serait emmêlé les pinceaux en annonçant le changement d'horaire. En tout cas, il n'y a plus un instant à perdre…

**STOP INFO !**
**Pourquoi vous avez du mal à reconnaître les copains de votre ado :**

L'adolescent peut prendre jusqu'à douze centimètres par an – une pousse plus vivace que le bambou de Bornéo ! Il change d'allure au gré des modes, passant avec une aisance confondante du look gothique au style néo-geek. Ses traits se transforment à la vitesse grand V, et pas toujours dans le sens d'une esthétique accrue : le mignon gamin que vous avez connu avec un visage d'angelot offre aujourd'hui l'aspect global d'un égorgeur de la steppe… L'ado est un Houdini junior, un Fantômas en mode mineur, un informe, et ce qui serait inouï, monsieur, c'est que vous réussissiez à l'identifier ! Allons, tranquillisez-vous, vous n'êtes pas un mauvais père, vous n'êtes pas frappé d'un ramollissement du bulbe. Ce qui vous arrive est normal. Seriez-vous inquiet de ne pas savoir distinguer un sac de patates d'un autre sac de patates ? Non, n'est-ce pas ? Eh bien là, c'est pareil.

• **8 h 7**

C'est fantastique, record battu ! Votre ado est parti pour le lycée sans se laver – ni faire semblant –, sans s'habiller, ou à peine, sans prendre de petit déjeuner – c'est habituel –, sans même vous dire au revoir – ce qui vous contrarie un peu…

• **8 h 42**

Vous terminez votre toilette sans incident notable. Ah si ! Votre dentifrice italien à la menthe ultra-fresca, que vous achetez à prix d'or sur Internet – 7,67 euros le tube, frais de port non compris – a mystérieusement disparu. Vous apprendrez plus tard que l'ado l'a emporté au lycée, dans le cadre d'une collecte humanitaire, pour l'offrir aux Restos du cœur ou à des SDF, ou à d'autres farceurs du même tonneau, 7,67 euros le tube ! Ah, merci !

• **8 h 48**

Un bruit de porte claquée vous glace l'échine. On vient d'entrer chez vous ! Mais qui ? Pourquoi ? Madame est en route pour son travail d'assistante adjointe auprès des services sociaux, l'ado est en classe… Alors, qui ? Horreur et tripes ! C'est lui ! Il est de retour, avec Akim, et il y a aussi Léa et Julien. Finalement, M. Darteval était bien absent (incident voyageur à la station Latour-Bacquet), alors ils ont pensé qu'ils feraient mieux de revenir chez vous, mais avant ils ont dû passer chez Yasmina pour récupérer le cartable de Loana que Gaël avait oublié là-bas… Vous commencez à vous demander, monsieur, si tous ces jeunes gens ne vous prendraient pas légèrement pour une bille avec leurs histoires à filer la migraine, mais vous n'êtes pas homme à provoquer de vains scandales, ni à agiter fébrilement les bras comme un Italien. Avec un sourire un peu sec, vous regagnez la salle de bains où vous devez encore vous épiler les narines.

**• 9 h 37**

Fin prêt, récuré comme un sou neuf, tiré à quatre épingles, vous partez pour le bureau. Non, non, vous n'êtes pas en retard. À la Sofires, en effet, l'important n'est pas d'arriver à l'aube comme un Prussien à nuque rase mais d'être là au bon moment, dès qu'un client affolé menace de retirer ses fonds et de saisir la Codares (Commission d'arbitrage pour le réinvestissement et l'escompte)… Quoi qu'il en soit, à l'instant où vous tirez derrière vous la bonne vieille porte, les jeunes sont encore là. Vous les entendez rire et s'interpeller bruyamment. C'est avec une sourde angoisse dans votre cœur de père et de propriétaire que vous vous éloignez…

**• 11 h 56**

Alors que vous venez de vous assoupir dans votre fauteuil après avoir étudié pendant six bonnes minutes un dossier hyperimportant, le téléphone sonne. C'est votre ado. Mais oui, avec son portable, il peut maintenant vous appeler quand il le souhaite, vous harceler à chaque seconde. C'est atroce. Cette fois, il voudrait savoir s'il peut ne pas aller à la cantine, car il se trouve que Mlle Garcia, la prof de gym, sera dans l'incapacité de donner son cours à 13 h 15 comme prévu. Suite à une glissade malencontreuse sur le cheval d'arçon, la vigoureuse jeune femme – 82 kilos, dont 45 de cuisses – a dû être hospitalisée... Votre première réaction serait de crier à votre ado : « Non, pas question, déjeune à la cantine, démoniaque foutriquet ! », mais les griffes de la pitié vous enserrent la gorge. D'amollissantes pensées vous viennent, vous songez qu'on demande beaucoup à nos lycéens. On voudrait qu'ils travaillent et soient premiers de la classe, comme nous l'étions nous-mêmes – parfaitement ! –, mais ils ont déjà tellement à faire quand ils se rendent en cours, échapper aux racailles qui veulent les racketter, aux dealers qui veulent les droguer, éviter les blessures par balle et les tireurs fous... Autant de disciplines qui n'étaient pas au programme à notre époque. À la réflexion, le lycée Coluche de l'avenue du Colonel-Moutarde est-il l'endroit idéal où déjeuner en paix ? Vous cédez :

— Comme tu voudras, biquet... Si tu préfères ne pas rester à la cantine, c'est d'accord. Mais tu vas aller où ?
— T'inquiète, maman m'a fait péter un ticket resto, je vais au McDo avec Kevin.

C'est réglé. Bravo, monsieur. Vous n'êtes pas seulement un cadre d'entreprise ultraperformant doublé d'un homme d'une élégance rare, vous êtes aussi un être d'une bienveillance admirable.

• **13 h 3**

Vous voilà de retour chez vous. Le projet ? Avaler vite fait quelque chose et vous offrir une petite sieste, à la bonne franquette. Les hommes clés de la Sofires doivent savoir se ménager. Mais à peine entré, le vieil instinct tire la sonnette d'alarme… Tout est calme et silencieux dans le home sweet home, et ce silence vous déplaît. Il vous rappelle celui qui alerte lord Jim, le gentleman-explorateur, quand il s'immobilise soudain et que de sinistres tam-tam se mettent à battre au fond de la jungle. Bon sang, dans la cuisine, ce foutoir innommable ! On croirait qu'un troupeau de buffles a tenté de se tartiner des sandwiches avant de renverser la vaisselle et de s'enfuir dans les broussailles… Surtout, il flotte dans l'air d'exotiques senteurs, comme si on avait inhalé à grands poumons une substance illicite… Non ! Impossible ! Il n'aurait pas osé ! Saisi d'un pressentiment orageux, pareil à un personnage de Tolstoï ou de Dostoïevski – enfin, un de ces auteurs américains à succès –, vous entrez dans la chambre de l'ado… Effarant spectacle : il est là, avec ses potes, il vous adresse un sourire hyper-cool, sa grande bouche en tranche de melon :

— C'est bon, p'pa, no problem… On kiffe la life !

Les autres approuvent de la tête dans la pénombre, tel un tas de macaques au regard bovin. Faisant une fois encore la preuve de votre flegme légendaire – qui vous a fait prendre si souvent pour un proche parent du duc d'Édimbourg –, vous refermez la porte sans un mot. Vous allez déjeuner chez Jeannette. C'est mardi, il y a navarin d'agneau.

**• 16 h 27**

Le bureau à nouveau. On vous signale qu'une dame Vandermulen a tenté à plusieurs reprises de vous joindre. Du diable si vous savez qui est cette Vandermulen ! Encore que le nom vous dise vaguement quelque chose, et qu'il se rattache dans votre mémoire à un souvenir plutôt pénible... Une épargnante spoliée ? Justement, la femme rappelle. Vous la prenez en ligne avec ce ton pète-sec qui fait la renommée de la Sofires :

— Allô, oui, j'écoute, c'est à quel sujet ? Faites vite je n'ai pas de temps à perdre...

Le malentendu est vite dissipé : Mme Vandermulen est la principale du lycée Coluche ! Et elle tient à vous faire savoir qu'une fois encore votre ado a séché les cours.

— Mais je m'en doute, madame, je m'en doute ! avez-vous le malheur de répondre.
— Eh bien dans ce cas, monsieur, il est temps de réagir ! Parce que ça ne va plus du tout !

**• 16 h 32**

Vous essayez de joindre l'ado sur son portable. Vous tombez sur sa messagerie.

**• 16 h 36**

Vous essayez de joindre l'ado sur son portable. Vous tombez sur sa messagerie.

**• 16 h 44**

Vous essayez de joindre l'ado sur son portable. Vous tombez sur sa messagerie. Exaspéré, vous poussez des cris et écrasez frénétiquement votre téléphone sur le bureau – comportement peu apprécié à la Sofires.

**• 16 h 48**

En tordant des trombones, vous méditez, désabusé, sur la futilité de l'existence humaine. À quoi bon tout cela ? Pourquoi ? De quoi-t-est-ce que ? L'effroyable Mme Vandermulen a demandé à vous voir dans les meilleurs délais. Comment convaincre votre femme d'y aller à votre place ? Mais un nouveau coup de fil vous tire de vos cogitations… C'est le commissariat de la place Chaupoix. Votre ado a été arrêté alors qu'il volait des bouteilles de vodka à l'Écoprix de la rue Pellatarte. Vous êtes effondré. Si au moins il avait volé du cognac, mais non, de la vodka, un alcool musulman ! Rien ne vous sera épargné.

**• 16 h 53**

Vous appelez Me Shapiro, un ami avocat. Il n'est pas là.

• **17 h 17**

Commissariat. Accueil quasi gestapiste. Le fonctionnaire qui vous reçoit dans son bureau – un sosie de Vladimir Poutine en un peu moins humain – laisse entendre que vous êtes responsable de ce qui s'est passé, que vous ne savez pas élever votre enfant, que peut-être, même, c'est *vous* qui lui avez appris à tirer des boutanches dans les rayons du supermarché… Vous défendez avec indignation la chair de votre chair, vous faites valoir que c'est une fille épatante, un garçon merveilleux, mais que ses copains – une bande épouvantable, monsieur l'inspecteur ! – ont sur lui une très mauvaise influence.

— Eh bien dans ce cas, monsieur, il est temps de réagir ! grommelle le poulet. Parce que ça ne va plus du tout !

• **18 h 4**

Dans la voiture, en rentrant, vous essayez de comprendre pourquoi l'ado a dérobé l'alcoolisé breuvage. Il vous répond que c'était pour faire la teuf chez Julien, qu'on ne va quand même pas « criser » pour ça et que « c'est bon, ça va, on passe à autre chose »… Dans la foulée, il vous demande s'il peut aller chez Julien ce soir, pour la teuf. Pour le coup, monsieur, rompant avec votre attitude de neutralité bienveillante, vous crispez les poings sur le volant, semblable au grizzly qui étripe l'imprudent campeur, et vous hurlez :

— Non, tu n'iras pas chez Julien ! Non ! Jamais ! C'est fini ! Tu n'iras pas chez Julien ! Non ! Pas du tout ! Ça suffit ! Foutez-moi la paix ! Tous ! Assez !

Le reste du trajet se fait dans un silence non dénué de ressentiment.

**• 19 h 22**

Madame est de retour à la maison. Vous lui résumez la journée avec ménagement, en insistant toutefois sur les épisodes les plus remarquables. Contre toute attente, elle s'énerve ! Elle a l'air de croire que c'est votre faute ! Des mots acérés écorchent vos tendres oreilles : « irresponsable », « père inexistant », « t'occupes de rien », « jamais là »...

— Il est temps de réagir ! conclut l'injuste femme. Parce que ça ne va plus du tout !

Vous répondez calmement, mais en criant très fort :

— Ça suffit ! Assez ! Foutez-moi la paix ! Tous !

Le dîner qui suit manque de cordialité. L'ado reste dans sa chambre. Il n'a pas faim. Il préférerait un petit verre de vodka, choupinet ?

**• 21 h 4**

Vous regrettez de ne pas l'avoir laissé sortir. Il squatte votre ordinateur alors que vous rêviez de vous détendre une ou deux heures avec votre jeu favori, *Space Predator – The Return Of The Revenge*... Mais pourquoi ne va-t-il pas chater sur son propre ordinateur, dans sa chambre ? La réponse claque :

— J'peux pas. Y a un truc qui marche plus. Je peux plus me connecter sur Twitter.

**• 22 h 49**

On sonne. C'est Kevin – ou Akim ou Léa ou Thomas – qui vient réparer l'ordinateur.

**• 23 h 17**

Vous regrettez vraiment de ne pas avoir laissé l'ado sortir… Une musique monstrueuse résonne dans le fidèle chic logis, des basses sursaturées secouent les murs, les lattes du plancher se soulèvent, les voisins glapissent entre leurs draps trempés de sueur… Madame doit encore se dévouer pour aller voir ce qui se passe.

**• 0 h 47**

La bande a enfin vidé les lieux. Un semblant de paix est revenu. Vous basculez dans un sommeil sans rêves, tel le veau qu'on abat d'un coup de gourdin.

**• 0 h 48**

Le téléphone sonne ! C'est M^e Shapiro, l'ami avocat. Il n'a pas pu rappeler avant, il était sur le golf à Marrakech, mais pas de souci, il s'occupe de tout. Ça tombe bien, sa fille s'est fait pincer en train de voler dans une grande surface il y a deux mois, alors vous pensez s'il connaît ça par cœur, la procédure et tout…

Ne vous en faites pas, vieux, il prend tout sur lui. *No problem* (pour les honoraires, on verra plus tard).

**• 1 h 30**

Rendormez-vous, monsieur. Calmez-vous, respirez à fond, vous devez impérativement refaire vos forces… Demain sera un autre jour. Un autre jour avec l'ado.

**Une journée particulière : l'ado est malade, il reste à la maison**

C'est évidemment une perspective atroce, surtout si vous devez lui tenir compagnie, mais Dieu merci, cela n'arrive que rarement. L'ado, sous ses dehors souffreteux, est une coriace petite pousse qui se fraie sûrement – bien que très lentement – son chemin vers l'âge adulte... Autrefois terrassé par la tuberculose, il eût été expédié en sana et on aurait eu la paix un bon moment. Bien qu'en meilleure forme aujourd'hui, il n'en demeure pas moins frappé de maux divers, liés la plupart du temps à un mode de vie hautement contestable, ainsi que le souligne le professeur Helmut Reichoffberger dans son indépassable ouvrage *Les Maladies de l'adolescent, mythe ou réalité ?*

Rappel de quelques faits indiscutables :

- L'ado découvre avec frénésie les joies du roulage de pelle, d'où des baisers multiples et appuyés... Résultat : mononucléose infectieuse. Le sujet présente l'aspect d'une limande crevée affligée d'un deux de tension. En gros, il est comme d'habitude, mais en pire.
- L'ado se nourrit presque exclusivement de frites et de hamburgers qu'il mange avec les doigts – sans se laver les mains. La même erreur grossière qui avait déclenché la grande peste de Tunis en

l'an 1342. Cette fois, il faut plutôt s'attendre à des intoxications alimentaires, à cette fameuse gastro qui va accompagner le jeune tout au long des années et de ses déjeuners à la cantine... On a raison de parler de fidèle gastro !

• L'ado roule comme un fou sur des engins d'acrobate, il bondit de skate en VTT, de roller en scooter... Rien d'étonnant à ce qu'il finisse par se casser un de ses nombreux os. Il faut alors le plâtrer. Le mieux serait bien sûr un plâtre total qui l'empêcherait de bouger et lui obturerait la bouche, mais en général, les médecins rechignent à un traitement aussi viril. Maudites poules mouillées ! L'ado, s'il est soucieux du réchauffement climatique, ne se préoccupe aucunement du temps qu'il fait chaque jour. Il sort en T-shirt au plus froid de janvier, en bermuda dans la brume et la grêle... Conséquence, rhinopharyngite. On aime à dire de l'enfant qu'il est un morveux, mais observons que l'ado l'est tout autant – et plus encore, puisque son appendice nasal a doublé de volume !

• L'ado est en pleine croissance, il grandit d'ici, de là, de partout, et se plaint de douleurs dans les membres. C'est à notre avis très exagéré : vous êtes vous-même, monsieur, en pleine croissance (dans le sens de la largeur) et vous voyez bien que ça ne fait pas mal du tout !

• Un bon truc pour savoir si votre ado est réellement malade ou s'il cherche seulement à tirer au flanc, tendez-lui un billet de 20 et dites-lui qu'il l'aura s'il va en cours. S'il l'empoche et se traîne vers la rue, c'est que tout va bien. Dans le cas contraire, appelez un toubib.

**LA FAUTE À MADAME ?**
**Le grain de sel de Lionel Choupard, président de l'Apap**

Tous ces petits problèmes de santé qui perturbent l'ado – cystites chez les filles, entorses chez les garçons –, est-ce que ce ne serait pas quand même un peu des « défauts de fabrication » qu'il tient de sa mère ?

Mais oui, monsieur, absolument, vous avez raison ! Une récente étude de l'Apap a démontré qu'un excès de sollicitude maternelle durant la prime jeunesse (le régime cagoule-moufles) contribuait à fragiliser la physiologie de l'adolescent et à en faire pour finir une « chochotte pleurnicharde ». Car oui, hélas, l'enfant ne tient pas seulement de vous, monsieur. La moitié de ses gènes lui vient également de sa mère. Il ne faut pas s'attendre à des miracles !

## La réaction mitigée d'Antilogus et Festjens

Faites excuse, Choupard, mais nous trouvons que vous y allez tout de même un peu fort. On peut toujours trouver des tas de défauts aux femmes, mais il faut leur reconnaître une chose : leur tarte aux pommes est délicieuse (miam !).

## Chapitre 8

# L'ADO À LA MAISON, UN MAELSTRÖM D'HORREUR !

Certains pensent qu'un ado à la maison est comme l'éléphant dans le magasin de porcelaine. C'est très exagéré. L'éléphant n'invite pas ses copains pour faire une soirée. Un point en faveur de Dumbo.

Néanmoins, l'image n'est pas totalement fausse car, disons-le tout de suite, l'impact environnemental de l'ado dans la maison est désastreux. Quelque chose comme la fichue marée noire sur les plages de Louisiane. On est plus près du tsunami que de la douce brise d'été. Quoique le mot « brise » serait à retenir, surtout lorsque l'on songe à une soirée d'ados et au destin compromis du vase Ming qui trône sur votre commode. En outre, ne dit-on pas de l'ado qu'il « nous les brise » ? Ah, vocabulaire, quand tu nous tiens !

Souvenez-vous, ami TJP : lorsque vous n'étiez qu'un Jeune Père, nous vous avions mis en garde sur le danger que pouvait représenter la maison pour le bébé. Coins de table aigus sur lesquels le cher petit crâne pouvait à tout instant se fracasser, prises électriques béantes parfaitement adaptées au diamètre de ses doigts boudinés, pelote d'épingles traînant sur la table basse, produits ménagers conditionnés dans d'appétissantes bouteilles, bon sang, on aurait dit la maison de l'horreur ! Le manoir sanglant ! Le train fantôme ! Sur nos conseils empressés, vous aviez alors calfeutré frénétiquement chaque recoin de la baraque à renfort de cache-prises, de barrières de sécurité, de protège-angles en plastique mou et de toute cette sorte d'accessoires hideux. Vous aviez été formidable.

Eh bien maintenant, ami, ce n'est plus le bébé qu'il faut protéger – regardez-le, avec ses grands bras, son mètre quatre-vingt-dix et sa longue écharpe qui vole dans tous les sens –, le cher grand machin ne risque plus rien. Il maîtrise la prise électrique, dans laquelle il branche des tas de trucs en même temps au risque de faire sauter le compteur. Il se rit des coins de table (d'autant qu'il mange par terre). Il n'éprouve aucune attirance pour les produits ménagers, dont il ignore jusqu'à l'utilité.

Non, à présent, c'est la maison qu'il faut protéger. Et particulièrement le cher vase Ming.

Voyons pièce par pièce l'étendue du problème.

## La chambre de l'ado, une autreté

« L'ado est-il pire que l'enfant ? » lancions-nous plus haut, et comme nous avions raison ! Car la chambre d'enfant, souvenez-vous, était une sorte de charmante bonbonnière, un écrin rose et bleu fleurant bon le Mitosyl, empli de peluches, de Playmobil mâchouillés et de rieuses affiches de Disney. Et dire qu'il vous arrivait de la trouver en désordre… Ah, doux temps de l'insouciance ! Au fil des ans, les affiches de Donald et Mulan ont été remplacées par des posters d'Harry Potter et de Michael Jackson. Puis, eux-mêmes ont été recouverts par Che Guevara (chambre du concerné) ou Bob Marley (chambre du drogué). Les Playmobil ont été vendus pour un prix dérisoire lors d'un vide-grenier. Les peluches ont été données à une petite cousine. Ou à Emmaüs. Et la chambre, aujourd'hui, ne fleure plus du tout le Mitosyl. La vieille chaussette serait le terme plus exact. À moins que l'odeur doucereuse ne vienne du cendrier empli de mégots roulés main.

Pénétrer dans une chambre d'ado est une expérience toujours pénible qu'il vaut mieux éviter. Soyez un peu raisonnable. Qu'espérez-vous y trouver ? Un lit fait au carré, avec un bouquin de Stendhal sur la table de chevet ? Des armoires rangées impec avec des petits sachets de lavande entre les piles de T-shirt ? Ha, ha ! Ce n'est pas ça du tout. Et pourtant, chaque jour, des Toujours Jeunes Pères inconscients s'introduisent sans même un frisson d'angoisse dans la carrée du rejeton, mus par les plus nobles raisons : retrouver leur cachemire disparu, éteindre la lumière, baisser la musique, réveiller le comateux pour qu'il aille en cours… Certains ne reviennent jamais. D'autres en restent prostrés, le regard perdu, bredouillant des mots sans suite ponctués d'éclats de rires stridents.

L'ado, pourtant, avait prévenu : un panneau « Keep out » (car l'ado est anglophile, sauf durant les cours d'anglais) est punaisé sur la porte, qui d'ailleurs s'ouvre mal, à cause du tas de linge sale qui fait tampon de l'autre côté. Sur les murs sombres (l'ado a repeint sa chambre l'été dernier au cours d'une poussée de fièvre artistique), des visages angoissants de rock stars gothiques, de révolutionnaires exaltés ou de footballeurs italiens (parfois les trois) vous dévisagent avec mépris. Dans la pénombre rougeoient les diodes d'un nombre considérable d'appareils laissés sur « veille[1] »,

1. Leur consommation cumulée dépasse le bilan énergétique de l'Uruguay. L'ado est écolo, sauf pour son iPod.

pareils aux yeux d'une horde de chauves-souris mangeuses d'homme, et dont les fils s'entremêlent comme de traîtreuses racines sur le sol indistinct. On y devine çà et là un bout de moquette sous les feuilles de cours éparses, les CD gisant en tas loin de leurs boîtiers brisés, les cartouches d'encre prêtes à cracher leur jus sous les pieds du promeneur imprudent, les emballages alimentaires divers et l'amoncellement informe de vêtements sales ou propres (dans le doute, l'ado mettra tout au sale), de vieilles baskets et de serviettes moisies. Dans le magma, quelque chose bourdonne. Peut-être un portable. Ou un réveille-matin mal éteint. À moins qu'il ne s'agisse d'un essaim de mouches bleues nichées dans le compost. Bon sang, tirez-vous ! Fissa !

**Leçon à retenir : ne pas entrer dans la chambre de l'ado. Risque de scorbut.**

## La salle de bains, terre de partage

Partager une salle de bains avec un ado est un bonheur variable selon qu'il s'agit d'un garçon ou d'une fille. En aucun cas le dentifrice ne sera rebouché. Ni le shampooing. Ni tout autre fichu objet de toilette nécessitant un bouchon, y compris les précieuses crèmes de jour séborégulatrices matifiantes dont votre chère épouse se tartine la poire. L'avantage très net du garçon (outre le fait qu'il méprise la crème de jour), c'est qu'il n'occupera que brièvement le lieu, alors que la fille y passera un temps considérable, en général à l'heure où le reste de la famille a des velléités d'hygiène. Le handicap majeur du cher garçon par rapport à sa concurrente sera en revanche son incapacité notoire à rabattre la lunette des W.-C., voire à viser droit. On voit tout de suite l'intérêt d'avoir plusieurs enfants. Et plusieurs W.-C.

Fille et garçon se retrouvent dans leur passion commune pour les serviettes de toilette, dont ils font une consommation fabuleuse. Une par jour est une moyenne basse. Les moins attentifs de nos lecteurs (et nous les prions de se concentrer deux minutes, quoi, merde !) ignorent la cause de cette dilapidation textile, mais nous, vous et toute la grande famille des Toujours Jeunes Pères au sourire si doux, nous savons (de Marseille[1]) le fin mot de l'histoire : l'ado ne mange pas ses serviettes. Il ne les vend pas pour s'acheter du haschich. Il ne s'en fait pas des ponchos comme vous l'aviez cru un moment. Ni de longues écharpes. Ainsi que nous l'avons révélé lors d'un chapitre précédent, l'ado est physiquement incapable de rapporter sa serviette dans la salle de bains, voilà tout. Jour après jour, il les abandonne en tas humide dans sa chambre, jusqu'à ce que sa mère (déjà perturbée par le mystère des chaussettes orphelines) menace d'appeler la police.

Autre cas critique, la brosse à dents. L'œil torve de l'ado au réveil distingue mal les couleurs, c'est bien connu. Du coup, quand il éprouve le besoin de se rafraîchir les ratiches (vodka), il prend la première qu'il trouve. En général la plus belle. La vôtre. Voilà

1. Une blague particulièrement poilante dans ce contexte de salle de bains !

pourquoi elle est déjà mouillée quand vient votre tour… Pareil pour votre rasoir. Ou votre peigne. Pareil pour tout. Car la salle de bains est une terre de partage.

**Ne pas oublier : si vous ne voulez pas vous retrouver grelottant comme un vieil Eskimo après votre douche, apportez votre propre serviette. Et tant que vous y êtes, rangez votre brosse à dents dans votre portefeuille, ainsi que votre savon. Ou alors, douchez-vous à la Sofires.**

## La cuisine, zone de non-droit

L'ado aime la cuisine. C'est là qu'il trouve à manger quand il rentre du bahut, de la fac ou de tout autre endroit où il glande pendant que vous vous esquintez l'échine au boulot. Car l'ado a conservé de sa tendre enfance la passion du goûter. Quand il atteint le doux foyer à l'issue de ses cours, le manque de sucre est tel que sa main tremble, que ses gestes sont imprécis : une certaine quantité de confiture doit probablement atteindre la tartine, mais hélas pas toute. De même pour le lait versé dans le bol de céréales. Ou les céréales elles-mêmes. Et quand enfin le cher petit est rassasié, la béatitude de la digestion aveugle ses sens assoupis. Quelque part au fond de son cerveau reptilien, il se dit qu'il devrait peut-être ranger (les cris et trépignations de sa mère y sont également pour quelque chose), alors il déplace vaguement son bol depuis la table jusqu'à côté du lave-vaisselle. Pas *dans* le lave-vaisselle. Il ne peut pas. Ni essuyer les miettes, le lait et les traînées de Nutella. Pas possible.

Certains ados, eux-mêmes repoussés par le hideux désordre de leur chambre, squattent la cuisine pour y faire leurs devoirs. C'est ce qui explique les traces de confiture sur les couvertures de leurs classeurs. On voit là le formidable sens pratique de l'ado : le lendemain, pendant les cours, il pourra les suçoter lors de sa fringale de dix heures.

**Un précieux conseil : laissez votre femme s'énerver. Elle fera ça très bien.**

## Le salon-salle à manger, un effroyable cocktail attirance-répulsion

L'ado éprouve pour le salon familial une attirance presque religieuse, comparable à celle du poussiéreux pèlerin pénétrant dans la cathédrale de Saint-Jacques de Compostelle. Sans doute pour son côté bien rangé, qui le fascine et l'inquiète tout à la fois (c'est pour cela qu'il va aussitôt entreprendre de donner à l'endroit une touche plus décontract' en y répandant son blouson, son sac et ses baskets). Mais surtout parce que c'est là que se trouve la télé. Et le moelleux canapé. Un tandem de choc qui attire irrésistiblement l'ado, comme le photophore et sa scintillante bougie attirent le papillon de nuit. S'il y a un ordinateur dans le salon, c'est encore pire.

Quand il rentre de ses cours, disions-nous, que fait le cher petit ? Il se rue à la cuisine pour se gaver de confiture. Très bien. Il appelle ses copains (qu'il a quittés il y a dix minutes) sur son portable. D'accord. Mais ensuite, hein ? Que fait-il ensuite, avec ses mains collantes ? Il va les laver ? Ha, ha ! Il se précipite dans sa chambre pour réviser ses leçons ? Hi, hi, hi ! Pas du tout. Il se vautre dans le cher vieux canapé et il commence à zapper, oui ! Voilà pourquoi la télécommande, ensuquée de glucose, ne fonctionne plus. Et dire que vous aviez incriminé la technologie nippone !

L'action conjuguée d'un formidable instinct et d'un coup d'œil sur sa montre extirpe l'ado du canapé quelques instants seulement avant que vous ne reveniez du bureau. Le rusé pubère regagne alors sa chambre (ou s'installe dans la cuisine) pour ouvrir quelques cahiers maculés d'incompréhensibles équations, histoire d'avoir l'air de bosser, ce qui – et c'est là qu'on voit toute la subtilité du stratagème – le dispensera de mettre la table, de sortir le chien, de descendre la poubelle et toute cette sorte de pénibles corvées[1]. Bien joué !

Sisisi, soyons sport, bien joué ! Un timing parfait.

Étrangement, au fil des minutes qui vous séparent de l'heure du dîner, le salon – qui est souvent aussi la salle à manger, à moins que vous ne disposiez d'un dix-huit pièces avec buanderie, salle d'escrime et fumoir, auquel cas vous devriez nous inviter plus souvent – étrangement, disions-nous, le salon-salle à manger perd tout son attrait pour l'ado lorsqu'il s'agit de passer à table. De même que la cuisine, qu'il

1. Qui retomberont sur ta pomme, vieux gars. Ah, c'est moche…

évacue dès qu'on commence à y préparer quelque chose.

D'où l'échange traditionnel des familles françaises :

— C'est prêt ! À table !
— J'arrive !

*(Deux minutes.)*

— À taaaable !
— Ça va ! (Ça vaaaa !)

*(Une minute supplémentaire)*

— On est pas à l'hôtel ! Viens tout de suite !
— C'est bon… (C'est boooon…)

Pourquoi l'ado est-il incapable de passer à table au moment voulu ? S'agit-il de l'une de ces incapacités physiques décrites lors d'un chapitre précédent ? Pas du tout. Est-ce parce qu'il ne peut plus vous voir en peinture ? Peut-être, mais pas forcément. Alors, quoi ?

**Les 10 raisons pour lesquelles l'ado est toujours en retard lorsqu'on passe à table :**

1. Il marque son indépendance.
2. Il vient de finir de goûter.
3. Votre femme a fait du poisson, et il exècre le poisson (pas sucré).
4. Il chate en ligne sur MSN.
5. Il termine le niveau 6 de Heroes of Destruction.
6. Il vient de se faire couler un bain.
7. Il vient de fumer un pétard.
8. Il est au téléphone avec Coline.
9. Il redoute que vous lui demandiez de mettre la table.
10. Il redoute que vous lui parliez de : ses notes, votre cachemire disparu, sa coupe de cheveux, sa chambre qui est dans un désordre à peine humain...

En général, le cher rebelle finit cependant par apparaître et chipoter vaguement dans son assiette d'un air las, dans une ambiance plombée. C'est navrant.

**Un sacré bon truc tout bête : appelez-le à table un gros quart d'heure avant que ce soit prêt. Et si par hasard le grand nigaud se pointe en avance, faites-lui mettre la table ! Ha, ha ! Un partout, la balle au centre !**

**Un encore meilleur truc : allez au restau.**

## Paroxysme de l'horreur : l'ado, ses copains, le salon

Nous avons jusqu'ici évoqué l'impact environnemental de votre seul rejeton. Ou de *vos* rejetons, si par une sorte de formidable élan d'optimisme, il y a une petite vingtaine d'années, vous avez décidé de repeupler la France avec madame et que vous avez eu plein d'enfants. Deux, trois, douze, peu importe. Au-delà de deux, c'est déjà une horde. Vous serez sans doute d'accord avec nous pour conclure que l'impact de la horde en question est meu-meu. Eh bien accrochez-vous, vieux gars, car vous n'avez encore rien vu.

Désolés de vous asséner la nouvelle d'un seul coup, comme ça, paf ! mais l'ado a des copains. Des tas, en fait. Comme ils se ressemblent tous, ainsi que nous l'avons dit plus haut, vous pensiez qu'il s'agissait toujours du même, mais pas du tout, il y en a toute une quantité. Et la damnée bande se réunit souvent chez vous, de préférence le midi entre deux cours (y compris ceux qu'ils sèchent) pour piller le cher frigo.

Jusque-là, pas de panique excessive, vieux frère. Certes, le coup est rude, surtout lorsque l'on songe rétrospectivement à l'empilement de blousons sur la commode où trône le vase Ming (rapporté du Tonkin par l'oncle René), mais comme vous n'étiez pas au courant et que vous n'avez rien remarqué dans le feu de l'action, tout va bien.

Là où ça se complique, c'est lorsque le cher bambin vous demande s'il peut organiser une soirée à la maison. Horreur ! Perspective atroce ! Imaginez l'appart' rempli de dizaines de grands machins agitant les bras en tout sens dans une chorégraphie insensée, au rythme d'une musique à décoller le papier peint, abreuvés de whisky-Coca et de vodka-orange qu'ils vomiront un peu partout comme des canards !

**Comment reconnaître l'ado qui a un truc à vous demander**

1. Il est à l'heure pour dîner.
2. Et avec un grand sourire.
3. Il vous demande comment s'est passée votre journée.

N'attendez pas davantage ! Le cher petit veut organiser une soirée !

1. Faites une gueule inverse.
2. Dites que vous avez eu une journée de dingue.
3. Feignez une crise cardiaque. Au besoin, mourez.

À la question « soirée », la réponse qui vient tout de suite à l'esprit du TJP soucieux de préserver l'environnement est « pas question ». Bravo. Bien joué. Mais l'ado s'y entend pour faire fléchir la volonté d'airain du joug paternel. Moins que sa mère, sans doute, mais tout de même.

Passons sur les épuisantes tractations qui ont eu raison de votre décision première, retenons que vous avez fini par céder. Un moment de faiblesse. Ça nous arrive à tous. Mais bon, regardons les choses en face : le vase Ming vit ses dernières heures. Si vous ne voulez pas qu'il se transforme en vase Bing ou en vase Crac badabing, il va falloir le planquer dans un endroit sûr. Mais est-ce tout ? Cela suffit-il ? Non, hélas. Voyons le plan de votre séjour.

Superbe. Hélas, après la soirée ado, il ressemblera à ça.

Notre recommandation : planquez tout dans une pièce fermée à clé. De préférence votre chambre, ce qui évitera à un invité gavé de vodka-orange et de cacahuètes (mélange atroce) d'y vomir comme un canard.

Après rangement préalable, votre séjour devrait idéalement ressembler à ça.

Ah, ben oui, c'est du boulot…

**NE SOYEZ PAS POIRE !**
**Le grain de sel de Lionel Choupard, président de l'Apap**

Le tableau bâclé que nous venons de lire passe sous silence la triste réalité. Les recherches de l'Apap ont permis d'établir de façon tout à fait scientifique qu'une soirée d'ados respecte invariablement ces 10 règles de base :

1. Il y aura du shit.
2. Il y aura de l'alcool.
3. Il y aura beaucoup de bruit.
4. Personne ne baissera la musique après dix heures, vu que la soirée commence à dix heures.
5. Les voisins vont se plaindre (et ils auront bien raison !).
6. Il y aura des copains de copains rameutés par SMS et que votre propre ado ne connaît pas.
7. Il y aura des ados malades qui vomiront partout comme des canards.
8. Il y aura des trucs cassés.
9. Il y aura des taches.
10. Il y aura les flics.

C'est comme ça ! Vous n'y couperez pas !

## Le mouvement d'humeur d'Antilogus et Festjens

Dites donc, Choupard ! Bâclé vous-même ! Cette fois, vous allez trop loin. Non, monsieur, les ados ne sont pas ces Attila que vous nous décrivez. Vous exagérez. De la mesure, bon sang, nous vous l'avons déjà dit, bon Dieu, quoi ! Si vous continuez, pour la prime, ce sera tintin.

## Chapitre 9

## UN SACRÉ CHIC WEEK-END EN FAMILLE !

Depuis le temps que nous nous connaissons, vous pouvez bien nous le dire, allez ! Votre idée d'un sacré chic week-end est d'entraîner votre chère moitié dans un relais château, avec petit déj' au lit, porte-jarretelles, pommard à tous les repas et sieste crapuleuse, pas vrai ? À moins que vous ne préfériez y aller avec la petite du commercial, celle avec les seins ? Comptez sur nous, nous ne dirons rien. Motus et toute cette sorte de choses.

Cela dit, nous réprouvons. Si vous pouviez nous voir en ce moment, vous nous verriez en train de secouer la tête d'un air contrit. Loin de nous l'idée de dénigrer ce programme qui semble tout à fait sensass, mais notre fichu job est de faire de vous un Toujours Jeune Père, et non d'encourager vos projets de galipettes crapoteuses. Croyez bien que nous le regrettons amèrement.

Néanmoins, ne faites pas la gueule, ami lecteur, un week-end en famille peut tout à fait être sensass, lui aussi. Sisisi. L'idée générale – et vous allez voir tout de suite à quel point c'est dingue – est de faire quelque chose tous ensemble, avec votre femme et vos grands enfants. Inouï ! Alors d'accord, c'est pas gagné, surtout en ce qui concerne ces derniers, vu que leur conception d'un week-end réussi est de se lever tard, de sortir tout l'après-midi, de passer se changer puis de ressortir le plus vite possible en tâchant d'éviter les questions qui fâchent, du genre : « T'es sûr que t'as rien à faire pour lundi ? » ou « Tu penseras à ranger ta chambre ? ». Mais enfin, bon : vous n'avez pas renoncé à une virée meu-meu au relais du Cheval-Blanc pour des prunes, alors ils peuvent eux aussi faire un effort, zut !

Avant de nous élancer sur la route joyeuse de la distraction de fin de semaine, voyons donc les avantages et les inconvénients des passe-temps familiaux les plus répandus.

**Afin de vous guider dans le choix d'une activité idéale, reportez-vous aux pictogrammes suivants :**

**Coût de l'activité**

| € | €€ | €€€ |
|---|---|---|
| faible | cher | ruineux |

**Intérêt de l'ado**

trop chanmé !

carrément trop pas

la honte, grave !

**Coefficient d'énervement paternel**

normal — élevé — rupture d'anévrisme

**Risque de scène de ménage**

faible — pas plus que d'habitude — ce soir, ceinture

**Selon cette méthode de notation scientifiquement élaborée par les laboratoires de l'Apap, vous pourrez sélectionner en connaissance de cause les temps forts de votre sacré chic week-end en famille. Disons-le tout de suite : moins il y a de pictogrammes, mieux c'est.**

## Jouer tous ensemble à un jeu de société

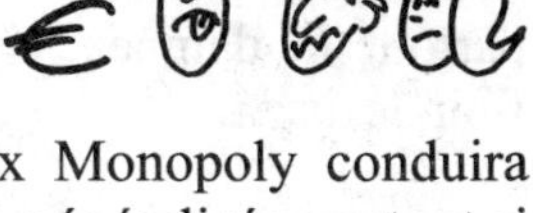

Idée à la con. Le cher vieux Monopoly conduira invariablement à une engueulade généralisée, surtout si vous perdez. Oubliez le Scrabble qui vous entraînerait sur la pente savonneuse de l'orthographe. Restent les cartes. Mais les ados ne savent jouer qu'à des jeux d'ados aux noms fleuris, genre *Paquet de merde*. Ou alors ils jouent au poker et ils vont vous plumer.

À ne retenir que lorsqu'il pleut un max et que la télé est en panne. C'est dire.

**Monter une étagère Billy®**

Désireux de transmettre un peu de votre savoir (immense) en matière de bricolage, vous vous dites qu'il serait temps d'enseigner aux chers petits la différence entre un cruciforme et une clé de 12 (vous avez échoué avec votre femme, mais vous ne vous avouez pas vaincu. Brave petit bonhomme…). Histoire de commencer soft, vous débutez par la technique de base : l'assemblage d'un meuble en kit. Ça devrait leur plaire. Il n'y a pas si longtemps, combien d'heures charmantes vous passiez ensemble à imbriquer des Lego !

Eh bien là encore, vous allez être déçu. « Deux mains gauches » sera la pensée qui vous viendra à l'esprit en voyant le jeune pitre s'acharner à faire rentrer la cheville Smalstruk® dans l'alvéole du tiroir coulissant Asjbörd®, alors que c'est pas ça du tout ! Au début, vaguement intéressé par le concept (et puis l'étagère est pour sa chambre), l'ado va très vite décrocher et vous allez finir tout seul, comme d'hab., à rechercher partout la damnée vis Gunstørp® qui manque pour finir le bazar.

**Donner un cours de conduite**

Vous partiez d'une idée tout à la fois généreuse et économe, apprendre vous-même la conduite automobile à votre bambin, plutôt que de vous ruiner en coûteuses leçons d'auto-école. Bilan : embrayage à refaire, une aile enfoncée.

**Faire des courses à Parly XII**

Un moment d'égarement. Une crise de folie passagère… Ça fait déjà deux, avec le coup de la soirée organisée dans votre appart'. Si ça continue, il va falloir consulter. Enfin bref, nous ne sommes pas médecins (quoi que nous aurions pu, Festjens écrit comme un cochon et Antilogus peut tout à fait demander à une dame de se mettre torse nu et de dire trente-trois), néanmoins, vraiment, faire des courses en famille est un truc à rendre dingue n'importe quel moine tibétain. Et pourtant, les vieux bonzes sont réputés pour être super-zen. Passons.

Déjà, il faut y aller, à Parly XII, un samedi après-midi.

Non, déjà, il faut partir. Et quand tout le monde est dans la fichue bagnole, il faut se taper les embouteillages, ainsi que les appels au calme de madame, qui n'entend rien au code de courtoisie au volant tel qu'il se pratique entre conducteurs du dimanche. Sans entrer dans les détails, nous dirons que « Avance, connard ! »

n'est pas une insulte. C'est une information sportivement donnée à l'automobiliste qui vous précède.

Une fois arrivés dans l'immense parking de la zone commerciale, il faut trouver une place et tâcher de s'en souvenir plus tard, à moins de vouloir passer la nuit là, ce qui n'aurait qu'un très lointain rapport avec le moelleux confort du relais du Cheval-Blanc.

C'est en général lorsqu'on est parvenu à un certain degré d'énervement que madame, prenant les choses en main, décide de scinder le groupe en deux : elle ira faire les courses avec votre fille et vous (le malade mental), vous irez simplement lui chercher une crème de jour hydro-revitalisante Q10plus, avant d'aller au magasin de sport pour les chaussures de foot de votre bambin. On convient de se retrouver à la voiture à 16 h 30. Très bien.

Dans une parfaite maîtrise du déplacement au milieu d'une foule compacte, vous vous ruez vers le magasin de sport, vous trépignez juste ce qu'il faut, le temps que votre fils choisisse ses pompes, et vous vous tirez de là le plus vite possible. En apercevant la chaude et béante entrée de la Fnac, vous vous dites que ce serait une chic idée de vous offrir un coffret DVD, de quoi passer quelques bonnes soirées télé en famille. Et justement, vous tombez sur la saison III de *Lost*, que vous n'aviez pas. Plus quelques BD pour le petit déj' du dimanche. Et dans un moment de complicité avec votre fils, vous lui achetez *Mario Death Warrior IV,* pour qu'il se détende sur son PC en tuant des gens.

Retour à la voiture. Il n'est que 16 h 15, mais plus tôt on sera parti, mieux ce sera. Vers 16 h 35, vous appelez gentiment votre femme sur son portable, afin de lui rappeler que le R.-V. était à 16 h 30. Elle vous signifie sur un ton cassant que « deux minutes, on n'est pas aux pièces ». Vers 16 h 50, vous tentez un nouvel appel, mais vous tombez sur sa messagerie. À 16 h 55, vous envoyez votre fils chercher sa mère et sa sœur dans ce foutu bordel, en lui recommandant de se magner le train parce qu'on va encore se taper les embouteillages au retour. À 16 h 57, ces dames arrivent, poussant de volumineux Caddie remplis de poêlées de légumes (berk), de poisson surgelé et autres cochonneries. Elles n'ont même pas pris de glace. Aucun sens des priorités. À 17 h 12, retour du fils prodigue, qui s'était perdu dans le parking. Tout le monde embarque.

Comme prévu (mais personne ne vous écoute), il y a déjà un embouteillage pour sortir du centre commercial. À 17 h 24, alors que vous atteignez enfin la bretelle d'autoroute, votre femme vous demande si vous n'avez pas oublié sa crème de jour hydro-machin. Ah, mince ! Elle fait la gueule. Mauvais pour ses rides.

En arrivant à la maison, vers 19 heures, vous vous apercevez que vous aviez déjà la saison III de *Lost*. C'était la saison II de *24* qu'il vous manquait.

**Faire du sport**

Le TJP, ployé à longueur de semaine devant son écran d'ordinateur, harcelé de mails, de coups de fil et de bilans comptables, éprouve le besoin de temps à autre de faire du sport. Il s'est d'ailleurs acheté des haltères. Ou un vélo d'appartement. Ou une console Wii Fit. Ou une paire de baskets. Certes, les bidules en question gisent dans un coin en se racornissant lentement, mais la volonté sportive n'en est pas moins là. Mais voilà, faire du sport tout seul, ce n'est pas drôle. D'où l'épatante idée d'une activité physique collective, par exemple le dimanche matin. Très bien. Mais laquelle ?

— **Foot :** déjà, il faut être douze. Ou quinze. Enfin, plein. Et vous n'êtes que deux, parce que madame a décliné en éclatant d'un rire moqueur et que votre fille refuse de se mettre en short. Le championnat va donc se réduire à une séance de tirs au but entre deux hauts de survêt'. Vous allez perdre et vous prendre un shoot en pleine poire. Biffons le foot.

— **Basket :** vous vous souvenez de la dernière fois où vous avez marqué un panier ? Non ? Nous non plus. Oublions le basket.

— **Piscine :** là, madame est d'accord. C'est un bon point. Fifille refuse également de se mettre en maillot, mais passons. Ce que vous n'aviez pas prévu, vieux frère, c'est que vous devriez chausser un peu reluisant slip qui met en valeur votre pneu, et qu'en plus les abrutis de la piscine municipale vous obligeraient à vous recouvrir le crâne d'un bonnet

de bain ! Bon sang, regardez-vous, vous avez l'air d'un suppositoire ! À proscrire.
— **Tennis :** ce qu'il y a de bien, c'est qu'on peut jouer à quatre, ou à deux, ou à trois, ou même à cinq s'il y en a un qui fait l'arbitre. Ce qu'il y a de moins bien, c'est que le tennis énerve. Sisisi. Vous verrez, quand votre fils vous aura mis 6-0, si vous trouvez toujours que c'était une chic idée. Rayons.
— **Équitation :** vous allez vous péter le dos. Renoncez tout de suite.
— **Jogging :** formidable ! L'ado excelle dans les épreuves énergiques, mais il est nul en endurance. Vous allez le laminer. En plus, madame peut vous suivre à vélo et vous lancer de vigoureux encouragements. Épatant.

**Aller voir un film en famille**

Dit comme ça, ça a l'air simple, mais c'est extrêmement trompeur. D'abord parce qu'il faut se mettre d'accord sur le film et que vos ados, étrangement, ont déjà tout vu (piratage, cours séchés ?). L'idéal serait un mélange comédie- requins mangeurs d'hommes-drame psychologique-histoire d'amour, mais c'est assez rare. Dans l'intérêt des familles, les meilleurs scénaristes de l'Apap se sont mis au travail.

Mais surtout, il faudra prendre la voiture sans s'énerver afin d'arriver à l'heure pour la séance. Pas possible.

**Virer les gniards et passer un week-end en amoureux**

Ah ! Voilà une idée constructive ! Les chers bambins ont une foule de copains prêts à les inviter à passer le week-end en famille (ha, ha !) et vous trouveront hypercool de les laisser aller dormir chez Guillaume. Feignez de les croire quand ils vous assureront qu'ils réviseront leurs maths. Donnez-leur un bisou et tirez-vous avec madame. À vous le relais du Cheval-Blanc, son menu gastronomique et son lit king size ! Ouais, cool !

Bon, évidemment, si vous tenez à emmener la petite du commercial (celle avec les seins), il va falloir négocier serré. Disons-le tout de suite : votre épouse risque de ne pas être d'accord.

**ET AÏE DONC !**
**Le grain de sel de Lionel Choupard, président de l'Apap**

Une fois encore, les auteurs de cet ouvrage approximatif pèchent par optimisme. Sortir avec un adolescent durant le week-end, c'est bien beau, messieurs les humoristes, mais avez-vous songé deux minutes à l'embarras de vos lecteurs lorsqu'ils devront s'exhiber dans la rue au côté d'un jeune attiffé comme l'as de pique, voire coiffé comme un pinque ? Un coup à s'attirer de cuisants quolibets ! Croyez-moi, vous n'y couperez pas. Voilà où nous mènent des années de laxisme parental. Tout ça, c'est la faute des Beatles, avec leurs cheveux longs et leur musique de sauvages.

Que faire des adolescents durant le week-end ? Eh bien, il me semble que plutôt que de vous acharner à les distraire, vous feriez mieux de les emmener chez le coiffeur !

## Antilogus et Festjens jettent l'éponge

Cette fois, ça suffit, Choupard ! Vous avez un avertissement !

## Chapitre 10

# L'ADO, UN BILAN MITIGÉ

Les pages qui précèdent font froid dans le dos. L'ado serait-il l'ennemi du genre humain ? Qu'est-ce qui le rend si mauvais ? Pourquoi ? C'est fort simple et même amusant, quand on y pense : le jeune gandin offre la particularité de ne plus être un enfant sans être pour autant un adulte, c'est-à-dire qu'il cumule les défauts des uns et des autres sans en avoir aucune des épatantes qualités. Une créature hybride, imparfaite, non finie, odieuse, sympathique, angoissante, merveilleuse, tête à claques... Et ne venez pas nous parler, messieurs les pédagogues, de la chrysalide qui se transformera un jour en un magnifique papillon. Les chrysalides ne fument pas de haschich !

Ajoutez encore la dimension psychologique : en une poignée d'années, le jeune type, la pauvre enfant ont vu toutes leurs croyances piétinées comme par un troupeau de yacks en furie. La petite souris ? Elle n'existe pas ! Le Père Noël ? Des foutaises ! Les super-pouvoirs d'Ironman ? Du bidon ! Et en plus, sous prétexte que les petits chéris pèsent désormais dans les 65 kilos, les parents refusent de les porter sur leurs épaules et de faire « Un-deux-trois-youp là-là ! » dans la rue ! On comprend qu'ils en aient gros sur la patate.

Le plus incroyable est qu'en dépit de ses innombrables carences, qui n'échapperaient pas même à l'œil d'un borgne pris dans une tempête de neige, l'adolescent conserve parfois auprès de l'opinion une image plutôt positive. Alors, qu'en est-il ? Il est temps de tordre le cou à quelques idées reçues, amis pères de famille !

• **L'ado déborde d'idées.**

FAUX ! Sa seule idée est généralement de se traîner jusqu'au McDo le plus proche pour se taper un cheese-burger ruisselant de graisse. Il s'en fout, l'ado, de la graisse ; il n'a pas de cholestérol.

• **L'ado est un ferment d'avenir.**

ENCORE FAUX ! Apport des adolescents aux grandes disciplines scientifiques : zéro. Aux arts appliqués ? Quasi nul. À la recherche fondamentale en physique quantique ? Rien. À la botanique, à la gastronomie, aux travaux ménagers ? Que dalle. En fin de compte, on se demande bien à quoi servent tous ces jeunes types, à part vider le frigo, télécharger illégalement de la musique sur le Net et laisser des miettes de biscuits au chocolat sur le canapé devant la télévision. Une foutue bande de bras cassés, oui !

Ah, comme on eût aimé qu'« ado » fût la première syllabe du mot adorable ! Mais elle est, hélas, celle du mot adominable.

**• Un monde dirigé par les ados serait un monde meilleur.**

DINGUE ! L'ado considère volontiers que le monde tel qu'il est ne convient pas, qu'on aurait dû faire autrement. Et mieux. D'accord, c'est son droit de critiquer, sauf que son propre rôle dans l'Histoire est quasiment nul. Beaucoup d'émeutiers encapuchonnés et de lolitas aguicheuses dans la population visée, mais aucun président de la République, aucun secrétaire général de l'ONU, aucun P-DG de la General Motors. Le constat est sans appel. Même du temps des rois, quand l'héritier du trône était un paltoquet boutonneux de douze ou treize ans, on organisait vite une régence pour le laisser mûrir, un peu comme on laisse mûrir les bananes. C'est pour cette raison qu'aujourd'hui encore, dans certains milieux « vieille France », quand on tance un adolescent, on est en droit de lui lancer : « Range ta chambre, eh, banane ! »

Le grand Napoléon lui-même, adolescent, ne valait pas tripette. C'était une sorte de niais de petite taille, embarrassé de sa personne et qui lorgnait les donzelles par en dessous… Bien malin qui aurait pressenti sous cette piètre apparence le futur inventeur du veau Marengo !

**L'ado est un doux rêveur qui se promène le nez en l'air, détaché des basses contingences matérielles.**

FAUX ! Privez-le une seule semaine de son argent de poche pour voir, et vous aurez en face de vous un angoissé pathétique, comparable au plus revendicatif cégétiste.

**L'ado est beau.**

FAUX ! C'est un grand échalas mal coiffé. Évidemment, sur les tableaux de Picasso et des autres peintres italiens, on admire de gracieux jeunes pages et de frais minois. La réalité, toutefois, est bien différente. Sous ses allures semi-comateuses, la jeune créature est travaillée par une forte agitation glandulaire, quelque chose comme un feu d'artifice hormonal. Ce qui explique qu'elle ne contrôle pas toujours ses membres disproportionnés et qu'elle fasse soudain de grands gestes fous – attention à votre vase Ming !

Le teen-ager est capable de se mettre à danser sans prévenir, de se démener devant un miroir en triturant une guitare électrique invisible – aucun adulte ne ferait une chose pareille ! Il peut sans rime ni raison perdre tout sens commun et pousser des cris aigus (surtout les filles), parler avec une voix de crapaud mutant (plutôt les garçons) ou se couvrir de boutons. Ou de poils. Ou les deux. Berk !

**L'ado déborde de vie.**

FAUX ! Au physique, ainsi que nous l'avons laissé entendre, l'adolescent de calibre moyen présente mal. Pâlot, bavoteux, mal embouché, à moitié réveillé, il vous regarde la bouche ouverte avec un air idiot comme s'il venait de recevoir un coup de goumi sur la nuque… Qu'on se rassure : il n'est pas malade. Pas vraiment. Mais attention, il n'est pas non plus au mieux de sa forme ! Ce n'est pas un hasard, tout de même, si adolescence rime avec convalescence.

**L'ado est naturellement généreux, solidaire, altruiste.**

FAUX ! Autre témoignage riche d'enseignement, celui de Giacomo Gapetto, marchand de beignets à Venise en l'an 1423 : « Cestuy damoiseau m'astendait caché à mi-soupente, comme ombre funeste ; me saisit à bras-le-corps pour me jester au sol, puis me ravir ma bourse bien forcie de ducats et pistoles, ce qui fut fait fort prestement. Comme je criais à la garde, cestuy jouvenceau me donna par trois fois de sa chausse dans la gorge, d'où je crus rendre mon âme à Dieu. Puisse l'infernal pourceau rôtir en enfer ! »

Encore une fois, comment ne pas partager l'indignation du marchand Gapetto ?

**L'ado est un révolté romantique.**

VRAI ET FAUX ! Le poète a comparé l'adolescent à un chimpanzé cruel, à une journée maussade sur les pentes du Puy-de-Dôme, à un chou-fleur moisi oublié dans le bas d'un frigo, à une paire de boots encore neuve mais ramollie de la tige… Tout cela est bien vu, bravo, poète ! mais ne rend qu'une idée approximative du personnage. En réalité, qu'est-ce qui ne va pas avec les ados ? Une contradiction foncière : ils sont à la fois mous et révoltés. Or, c'est impossible. Imagine-t-on les mutins de 1914-1918 mollassons ? Spartacus lymphatique, hésitant comme une gonzesse à enfoncer son glaive dans le ventre d'un décurion ? Les révoltés du *Bounty* avachis ? Le capitaine Blight aurait eu la partie sacrément facile, ha, ha !

**L'ado aime son papa.**

FAUX ! Sinon, il rangerait sa chambre. Ou il travaillerait en classe. Enfin, il ferait un effort, quoi ! Notons que dans la nature, vis-à-vis de leurs aînés, les animaux ados eux-mêmes se conduisent comme des bêtes… Chez les buffalos de mer, par exemple, les vieux mâles sont poussés sans ménagement vers les récifs tranchants pendant que les jeunes se farcissent toutes les femelles. Scandaleux ! Et que dire du colécyphtère du Gâtinais qui interdit l'accès de la ruche à ses vieux parents affaiblis, quand il ne les dévore pas comme une infâme larve goulue ? LARVE GOULUE ! Ce sont les mots qu'on cherchait depuis le début.

L'ADO EST UNE LARVE GOULUE !

D'autant que ceux d'aujourd'hui sont encore pires que les ados d'hier. Mais parfaitement ! Vous monsieur, quand vous étiez adolescent, vous faisiez des tas de trucs formidables. Vous militiez au SCRAC (Section clandestine révolutionnaire d'action communiste), au GRIMA (Groupe pour la restauration immédiate de la monarchie absolue), vous étiez un as du scoubidou, un empereur du flipper – au tabac Le Maryland de l'avenue de la République, les vieux buveurs se souviennent encore de vos scores hallucinants... Mais nos jeunes d'aujourd'hui ne s'intéressent plus à rien, ni à la politique ni au flipper – ils préfèrent leurs foutus jeux vidéo –, ni même aux scoubidous, pourtant si joliment colorés. Alors, ils font quoi, les jeunes, hein ? Voilà ce qu'on aimerait savoir, bon Dieu !

**RÉTABLISSONS LES RITUELS DE PASSAGE**
**Le grain de sel de Lionel Choupard, président de l'Apap**

Le saviez-vous ? À une époque pas si lointaine, du temps du regretté président Pompidou, la fin de l'enfance se faisait à date fixe. On était adolescent en gros entre douze et vingt et un ans, âge où on arrêtait la rigolade pour entrer dans la vie active. Il est vrai que nous avions encore dans ce pays des épreuves initiatiques qui permettaient aux jeunes de se hisser vers l'âge d'homme. Il y avait le service militaire, où l'on apprenait à boire de la bière et à roter entre hommes... Hélas, il n'y a plus de service militaire.

Il y avait la première cigarette qu'on fumait en douce dans les W.-C., sous l'émancipatrice tutelle d'un grand de quinze ou seize ans... *Exit,* la cigarette. On fait même tout, désormais, pour empêcher les jeunes de fumer.

Il y avait le « bachot » qu'il fallait réussir, le permis de conduire qu'il fallait décrocher, et pour les jeunes filles, le premier soutien-gorge qu'on allait acheter, instant de douce complicité à la lingerie avec sa maman.

Rien de tout cela n'existe plus. Le premier soutien-gorge se « chourre » au Monoprix avec une copine. On distribue le bac à tout le monde, y compris aux cancres les plus crasses. Quant au permis de conduire, les ados s'en passent, ils roulent sans, et trop vite.

On voit des filles de vingt-sept ans traînailler autour du frigo dans l'appartement de papa et maman, des gars de trente-deux ans habillés comme s'ils en avaient quinze, pull serpillière, manches trop longues, jean troué... Assez ! Comme le disait Maurice Thorez à ses amis grévistes, il faut savoir arrêter d'être adolescent.

Il est grand temps de rétablir des rituels de passage à l'âge adulte. Pourquoi ne pas s'inspirer de ce qui se fait chez les Bamboulé du Bas-Kabomga ? Là-bas, le jeune, s'il veut mériter le nom d'homme, doit bondir de liane en liane pour échapper à un gorille fou de haine qu'on a au préalable bombardé de bols de purée de manioc – de préférence sur le mufle – jusqu'à ce qu'il pète les plombs ! La poursuite dans les arbres est extrêmement spectaculaire et appréciée des touristes (tous les premiers lundis et jeudis de chaque mois. Pensez à réserver auprès de l'agence de voyages).

Chez les Indiens Têtes plates du Datoka du Nord, le jeune brave doit partir seul dans la prairie et n'en revenir qu'après avoir étranglé un bison à mains nues. S'il n'a pas son bison, il reste hors du wigwam avec les squaws et les crotales, pendant que les autres emplumés poussent des cris de Sioux... Formidablement pédagogique ! Mais chez nous, et nous le déplorons, pas de bison ; des bisous ! Une mansuétude de chaque instant, un perpétuel et néfaste attendrissement sur les jeunes.

## La réponse d'Antilogus et Festjens

Bravo, Choupard ! Vous vous êtes bien repris. Ah, comme devant ce saisissant tableau bilan beaucoup auraient envie de fuir à la campagne, de s'adonner à la pêche à la mouche, à la méditation transcendantale, à la danse bretonne, bref de tout tenter pour desserrer les effroyables pinces du tourteau ! Seulement c'est impossible. Projet illusoire. Risible révolte. On n'échappe pas aux adolescents. Ils sont des millions, il y en a dans toutes les familles, même les plus respectables – peut-être même dans la vôtre si ça se trouve !

Tenez bon, amis Toujours Jeunes Pères ! Nous sommes là, nous ne vous laisserons pas tomber ! Les ados n'auront pas le dernier mot !

Troisième partie

# ENTOURÉ D'INCAPABLES !

*À entendre ceux qui gravitent autour de vous avec des sourires mielleux, vous n'êtes pas seul face à l'ado. Tout le monde est là, prêt à vous donner un coup de main. Au sein même du doux foyer, dans la famille, dans la rue, à l'école, à la fac, ils sont légion, disposés à vous aider au nom de la vieille fraternité humaine chère à Zola ou Jules Guesde, ou Pasteur, nous ne savons pas, mais là n'est pas la question. Pourtant, ne nous voilons pas la face : combien de ces types répondront « présent » lorsque votre fille voudra organiser une soirée à la maison, quand votre fils vous tapera sur les nerfs comme sur une enclume ?*

*Aucun.*

*Pardon de vous le dire tout à trac, mais entre l'idyllique tableau et la sombre réalité, il y a comme un fossé, mon pote. Ne te berce pas d'illusions, tu es seul face à l'acnéique trublion. Plus seul encore qu'avant, du temps où l'enfant était bébé. Car alors il suffisait de glisser un billet de 20 à la baby-sitter pour passer une soirée peinard au restaurant italien. Hélas, tout cela est fini, il n'existe pas d'ado-sitter*[1].

*C'est moche.*

---

1. Si toutefois vous en connaissez une, envoyez-nous vite l'adresse. Nous n'en pouvons plus. Ils sont terribles !

Chapitre 11

# VOTRE COMPAGNE, UNE FEMME FORMIDABLE ?

C'est la première personne qui vous est venue à l'esprit lorsque vous avez songé à vous décharger du pesant fardeau. N'est-ce pas touchant ? N'est-ce pas la preuve la plus éclatante de la confiance aveugle que vous éprouvez envers votre tendre moitié ? Ah, quel beau couple vous formez… Et puis, dites, eh, elle y est pour quelque chose tout de même, si les chers pubères vous cassent les bonbons. Eh ben oui ! Vous les avez pas faits tout seul. Ah !

Mais quant à lui refiler la corvée, là, c'est pas gagné. En ce moment même, alors que vous lisez cet excellent ouvrage en digérant sa savoureuse blanquette (miam !), elle vous observe à la dérobée. Si, là, regardez ! Elle vous épiait, pas vrai ? Bon sang, elle s'apprête sans doute à vous imposer quelque pénible besogne, genre descendre la poubelle avant d'aller « parler un peu à votre fils au sujet de ses absences à l'école », ou un truc comme ça. On voit le problème : gavée de féminisme, la chic fille rechigne à se coltiner toutes les tâches ménagères et à affronter seule la révolte larvée des ados, sous prétexte qu'elle aussi elle travaille. Pire, elle compte sur vous pour mater les jeunes pitres au nom d'on ne sait quelle « autorité paternelle ». Ah, bravo ! Belle mentalité ! Et votre sieste, dans tout ça ? Tout le monde s'en fout ?

Dans un tel contexte, qui n'est pas sans rappeler l'irrésistible ascension du rock, il va falloir jouer serré, vieux. Vous avez tous deux traversé ensemble des épreuves redoutables, ce n'est pas pour qu'elle flanche devant une petite crise d'adolescence ! Allons, enfin, un peu de cran, quoi ! Et commençons par nous poser la question essentielle :

## Êtes-vous un Toujours Jeune Couple ?

Oui, parce que enfin bon, quand vous vous êtes mariés vous aviez quoi, vingt-cinq, trente ans ? Analysons ensemble avec une objectivité rigoureuse ce qui a changé au fil des années.

— Elle a grossi.
— Vous n'avez jamais été plus séduisant.

Bon, eh bien on y voit déjà plus clair ! Comme quoi une analyse sans concession de temps à autre ne fait pas de mal. Mais cet état des lieux débouche immanquablement sur une seconde question cruciale, que chaque Toujours Jeune Père doit se poser. En son for intérieur de préférence, s'il ne veut pas se prendre une mandale dans la poire.

## Votre compagne (chérie) est-elle une Toujours Jeune Mère ?

L'énoncé même du problème montre que nous marchons sur des œufs et qu'il va falloir le traiter à l'abri des yeux indiscrets. La chic fille est épatante, c'est entendu, mais enfin les femmes n'ont aucun humour, c'est bien connu. Parmi la liste de prototypes féminins ci-dessous, commençons par essayer d'identifier votre compagne, pour voir l'étendue des dégâts.

• **La chieuse**

Il y en a de toutes les sortes. Celle qui fait des scènes. Celle qui sait tout mieux que tout le monde. Celle qui passe son temps au téléphone. La psychologue naturelle, adepte forcenée du dialogue. La maniaque du ménage. Celle qui vous donne sans arrêt des trucs à faire… Quelle formidable diversité ! Une croyance répandue affirme que les hommes aiment les chieuses, mais nos recherches prouvent que cette rumeur a été répandue par des femmes (probablement des chieuses).

*Vous pouvez compter sur elle pour :* être sans arrêt sur le dos de vos ados. Et ça, quand même, c'est bien.

• **La femme-enfant**

Incapable de changer une ampoule, d'ouvrir un pot de confiture ou d'assembler une étagère Billy®, toutes choses nécessitant des aptitudes technologiques typiquement masculines, elle minaude et geint, comme si elle n'était qu'un ado de plus dans la fichue baraque ! Vous n'aviez vraiment pas besoin de ça !

*Vous pouvez compter sur elle pour :* se disputer avec vos ados et aller pleurer dans sa chambre.

• **La mère nature**

Convaincue par l'éducation permissive, elle mange bio, ne s'épile pas les dessous de bras et ne met pas de parfum. À ne pas confondre avec la mère naturiste, qui en plus se promène à poil. Comment voulez-vous que vos ados lui obéissent ?

*Vous pouvez compter sur elle pour :* vous préparer un succulent tofu aux algues. Berk.

• **La belle-mère**

Écartons tout de suite une confusion fréquente. Il ne s'agit pas de madame votre belle-mère, épatante personne dont nous reparlerons ultérieurement, faites-nous confiance. Par un souci d'exhaustivité qui a fait notre réputation au CRNS, nous évoquons ici votre seconde épouse, éventuellement belle (sacré veinard), mais qui n'est pas la mère de vos enfants, en tout cas pas de tous.

*Vous pouvez compter sur elle pour :* vous expliquer ce qui ne va pas chez vos enfants (ceux de votre précédent mariage, pas les siens !) et tout ce que vous avez fait de travers avant de la connaître. On nous objectera que tout le monde ne s'est pas remarié. Ce n'est pas faux. Dans ce cas, la seule belle-mère du coin est la vôtre, alias belle-maman, belle-doche et autres surnoms charmants. Coup de bol formidable, elle aussi est tout à fait capable de vous expliquer ce qui ne va pas chez vos enfants.

ÉVITEZ UNE CONFUSION FRÉQUENTE

1. La belle-mère

2. La belle mer

## La mère caspienne

À ne pas confondre avec la mère casse-pieds, d'un usage plus courant. La caspienne se trouve essentiellement aux alentours de Bakou, où elle prépare un excellent bortsch entre deux toasts au caviar[1].

*Vous pouvez compter sur elle pour :* déblayer la neige devant l'isba et poursuivre les enfants avec un knout.

## L'intello

À son sujet, les avis divergent. Certains la tiennent pour une variété de chieuse particulièrement pénible. D'autres se taisent en affichant un sourire douloureux. Car il est temps, à présent, de le clamer haut et fort à la face du monde : le musée n'est pas le meilleur ami de l'homme[2] ! Les films de Rohmer manquent cruellement de requins ! Un bon Houellebecq ne vaudra jamais un mauvais Barça-Arsenal ! Ah, ça fait du bien…

*Vous pouvez compter sur elle pour :* ne jamais s'occuper des gosses. Elle a un vernissage avec d'autres comme elle. Mais tiens, pourquoi elle n'emmènerait pas les enfants ?

---

1. Dans un genre similaire, on relève la mère de glace, d'un abord assez froid.
2. Sauf le musée de l'Homme.

• **La femme parfaite**

Également appelée « épouse idéale », elle se distingue de ce triste lot par sa bonne humeur constante, sa grâce naturelle, sa patience d'ange, sa sensualité de louve et autres avantages formidables qu'on ne trouve pas sous le sabot d'un cheval, faut pas rêver. Inutile de t'exciter, vieux, il n'y en a pas des masses. À vrai dire, nous n'en connaissons que deux : Florence F. et Monique A. C'est comme ça. Et elles sont déjà prises. Vous n'aviez qu'à être des types formidables. Comme nous !

*Vous pouvez compter sur elle pour :* vous pouvez vous brosser, vieux.

**Les dix atouts de la femme parfaite**

• Elle apprécie John Wayne et Louis de Funès.
• Elle ne passe pas plus d'une heure et demie au téléphone chaque soir.
• Elle suit des cours de pole dance.
• C'est la reine du bœuf miroton. Ou de la blanquette (miam !).
• Elle ne lésine pas sur le porte-jarretelles.
• Elle fait au minimum un bon 95 D.
• Elle connaît des blagues poilantes.
• Elle vous écouterait des heures discourir sur les faiblesses (marrantes) de l'équipe de France
• D'ailleurs elle a déjà vu un match entier à la télé sans soupirer ni essayer tout le temps de vous parler de n'importe quoi, sous prétexte « qu'il ne se passe rien ».
• Elle trouve que vous êtes un type formidable.

Nous entendons d'ici les contradicteurs bondir sur leur chaise en poussant des cris d'orfèvre[1]. Quoi ? Comment ose-t-on ? Ce portrait de la femme idéale est d'un affreux machisme ! C'est un scandale ! On se croirait revenu au temps de Giscard ou de Mitterrand, ou de Lino Ventura, enfin l'un de ces vieux types en pardessus prince-de-galles aux manières rustiques et au rire tonitruant.

Eh bien oui.

Le Toujours Jeune Père, les aminches, est un gars serein, décontract', qui ne tourne pas le dos à ses instincts, même les plus bas. Surtout pas les plus bas. Porte-jarretelles, cuisine, rigolade. Ah, bien sûr, ce n'est pas finaud. Mais nous n'avons jamais dit que le TJP serait un type finaud. Heureux, oui, mais pas finaud. Les cimetières sont peuplés de types finauds !

Voyez-vous, madame (car c'est à votre chère épouse que nous nous adressons à présent, puisque de toute façon elle lit par-dessus votre épaule), l'homme, comme son lointain ancêtre le diplodocus, possède un cerveau de la taille d'une balle de golf, le reste de la calebasse étant occupé par une ouate cotonneuse parcourue de filaments nerveux. Le risque de court-circuit est permanent. Imposez-lui un film de fille[2], il commence à s'agiter dans son fauteuil. Traînez-le à une expo, il a mal aux pieds. Donnez-lui de la salade et des

---

1. Ou d'orfraie, sauf que les cris d'orfèvre sont plus précieux.

2. Un film de fille se reconnaît à l'absence de requin mangeur d'hommes ou à la regrettable rareté des coups de feu (moins de 35 % de la bande-son).

yaourts allégés, il se met à transpirer, ses pupilles se dilatent, son rythme cardiaque s'affaiblit. Il va claquer !

Agissez, vite !

**Que faire pour conserver en toutes circonstances un joyeux compagnon ?**

**Mémento à l'usage des Toujours Jeunes Mères**

Restez en contrôle permanent, les filles. Rien d'insurmontable, rassurez-vous, grâce au tableau ci-dessous, que nous vous invitons chaudement à découper et à garder dans votre sac, parmi tout le formidable bazar que vous trimballez avec vous. Voici une série de situations redoutables, de taille à assombrir l'humeur sereine du vieux gars, accompagnée des mesures préventives qui vous permettront d'éviter qu'il fasse une tronche inverse.

- Vous voulez l'emmener voir Vélasquez et les maîtres flamands au Petit Palais : dites-lui que vous ne portez pas de culotte.
- Vous voulez l'emmener voir *Trois Sœurs*, film français de Pascal Ozon avec Audrey Tautou, Sandrine Bonnaire, Sabine Azéma et Pierre Arditi (dans le rôle odieux de l'ami des femmes) : annoncez qu'il y aura du cassoulet au dîner (miam).
- Vous commencez un régime et vous décidez qu'il n'y aura plus ni frites, ni pizza à la maison : monsieur fait déjà sa valise. Vite ! Collez-vous deux branches de céleri dans les oreilles et imitez l'élan pour le faire rire.
- Vous avez invité une copine à la maison : dites-lui qu'il pourra regarder le match sur l'autre télé.

- **Vous avez invité votre mère à la maison pour un dimanche culturel avec exposition Vélasquez suivie d'un déjeuner chez Tartes fines et salade, puis le dernier Pialat, et vous exigez que monsieur vienne avec vous au lieu de se carapater comme un pitre : tout le samedi qui précède, passez l'aspirateur en string.**

On le voit, la tâche n'est pas simple pour la chère compagne. Ne pas se reposer sur ses lauriers est l'idée générale. Durant toutes vos jeunes années, unis dans l'effort comme le peloton cycliste grimpant le mont Ventoux, vous n'avez pas eu le moindre instant pour regarder autour de vous. Et que s'est-il passé, durant la redoutable ascension ? Votre épouse est devenue une mère. Elle a noué des milliers de lacets, enfilé des monceaux de cagoules, mouché des tas de nez. Mais maintenant que les enfants sont devenus des ados, ces fichus ingrats ne veulent plus qu'on les mouche, et c'est toute une histoire pour leur faire mettre leur cagoule[1]. C'est manifeste, votre chère moitié est désemparée. Elle sent bien que son rôle de mère s'estompe.

Que va-t-elle faire ?

Va-t-elle devenir *votre* mère ? Impensable ! Et pourtant, certains signes ne trompent pas :

1. Sauf en ce qui concerne nos amis corses, que nous saluons ici avec respect. *Forzu concolta Corsu !*

— Est-ce qu'elle vous mouche avant que vous ne partiez au bureau ?

— Est-ce qu'elle a glissé un quatre heures dans votre mallette ?

— Est-ce qu'elle vous appelle « mon biquounet » devant vos collègues ?

— Est-ce qu'elle vous tient la main quand vous traversez la rue ?

Si c'est le cas, il va falloir réagir, car non seulement cette femme ne vous sera d'aucune utilité face à l'ado déchaîné, mais il y a même fort à parier que l'un et l'autre complotent dans votre dos. Leurs conversations s'arrêtent lorsque vous arrivez et ils s'éloignent en sifflotant *Tea For Two*. Déjà, elle a emmené votre fille chez le gynéco. Elle lui a installé un lit double, avec deux oreillers. Rien de bon, dans tout ça, oh

non, rien de bon ! Au lieu de lui pousser sur la tête pour l'empêcher de grandir, comme toute personne raisonnable, elle semble accepter de bonne grâce que votre garçounnet, que votre fifille adorée, deviennent des grands machins ! Dingue !

C'est que malheureusement il existe une catégorie de femmes supplémentaire dont nous n'avions pas osé parler jusqu'ici, tant le sujet nous fichait la trouille. Et pourtant, il le faut. Satané job !

**La future grand-mère**

Elle n'a qu'une seule idée, caser les enfants avec le premier zouave venu, pour qu'ils se marient et qu'ils aient à leur tour des enfants. On voit tout de suite l'ineptie du projet. À présent que les bambins ont grandi, vous pensiez en profiter pour sortir, faire la bringue, fumer des pétards et vous balader à poil dans l'appart' en aspergeant les murs de vodka avec de grands rires suraigus, eh bien non. Il va falloir attendre vingt ans de plus. Et alors, franchement, vous aurez l'air grotesque.

*Vous pouvez compter sur elle pour :* vous flanquer un sacré coup de vieux.

Vous qui pensiez pouvoir compter sur l'aide indéfectible de votre compagne, vous êtes marron. Malgré leurs divergences apparentes, malgré les « range ta chambre ! » et les « rebouche le dentifrice ! » lancés à tue-tête dans la douce quiétude du foyer, la chère épouse a partie liée avec le grand machin. Ah, vacherie ! Il faut réagir d'urgence…

## Comment faire retomber la révolte des ados sur votre femme (chérie)

Depuis l'aube des temps, les mères dépassées menacent les ados turbulents de représailles terribles au retour du chef de famille. « Tu vas voir ce que ton père dira si tu n'as pas rangé ta grotte quand il rentrera ! », piaillaient-elles déjà au temps des cavernes en battant le silex pour faire partir le four. Et comme le type en question était un chasseur d'auroch, ou un Viking, ou un lansquenet armé d'une arquebuse, l'ado filait doux. Aujourd'hui, c'est fini. L'homme moderne ne part pas au boulot avec une massue hérissée de pointes, ou alors il est mal vu par ses collègues. Il porte tout au plus une mallette en cuir mou, dans laquelle il met ses mots fléchés (et son quatre heures). Des armes, disons-le, assez peu dissuasives, qui n'effraient que très moyennement l'ado turbulent. D'ailleurs le jeune zigue sait qu'il ne risque plus rien, puisque désormais, hormis quelques rigoureux darons à l'ancienne (auxquels nous adressons notre plus chaleureux hello !), le Toujours Jeune Père ne tape plus ses enfants. Interdit. Ce sont les enfants qui vous tapent (de 20 euros).

Aujourd'hui, l'heure est au dialogue. À la psychologie. Au calme. Autrement dit, c'est à madame de jouer.

Sachez vous effacer sportivement, gars. L'intimidation musclée, la grande baffe dans la poire, les hurlements de fauve, tout ça c'est dépassé. Vous avez fait votre temps, ami. Car, osons le dire, la discussion, la persuasion, le feutré, ce n'est pas votre truc. Laissez faire celles qui savent.

On nous objectera qu'une telle attitude, aussi noble soit-elle, pourrait vous faire passer pour un péteux, une feignasse, voire une couille molle aux yeux de la famille tout entière, et de votre épouse en particulier. Arguments rétrogrades. L'homme moderne, baigné de féminisme dès son plus jeune âge, n'hésite pas à laisser son épouse s'exprimer. « À chacun selon ses talents » est la devise du toujours Jeune Couple. L'homme regarde le match – dont il fera plus tard une analyse pertinente – tandis que la femme muselle l'ado turbulent, grâce à son implacable dialectique.

Il se peut cependant – on voit de tout – que la femme ne comprenne pas l'admirable sacrifice consenti par son cher compagnon. Et on voit déjà se profiler un avenir pénible : l'homme obligé de raisonner ses ados en leur parlant calmement comme une gonzesse ! Atroce. Heureusement, la science veille, et nous pouvons désormais compter sur les épatantes ressources de la psychologie appliquée.

## Le complexe d'Œdipe, il fallait l'inventer !

En vertu de cette sacrée chic loi de l'âme humaine, votre fille vous trouve trop cool et se révolte contre sa mère. Déjà, la moitié du problème est réglé. Le souci, en revanche, c'est que selon cette même loi votre fils se retournera plutôt contre vous. Les psychiatres, psychopédagogues et autres siphonnés du bulbe nous disent même qu'il s'agirait de « tuer le père ». Et ils ne font rien ! Personne n'appelle la police ! Ah, c'est du propre !

Afin d'éviter d'être abattu par votre ado, il importe donc de lui faire entendre :

1. Que ce n'est pas légal.

2. Que c'est sa mère, en réalité, qui commande à la maison et qui est donc responsable de tout.

Ça ne devrait pas être trop difficile, vu que dites, eh, franchement, qui tient compte de votre avis, dans la baraque ? Tiens : qu'est-ce qu'il y a à dîner, ce soir ? Un bon vieux cassoulet ? Noooon ! De la salade. Des escalopes de dinde. Des yaourts allégés. Que des trucs de fille ! Le jeune type méprise le cassoulet, c'est entendu, mais il est friand de nouilles au ketchup. Il peut vous comprendre. C'est une base de dialogue. Faites-lui valoir subtilement que s'il vous zigouillait durant votre sommeil il n'y aurait plus que des légumes verts à table. Ça devrait suffire à éloigner le danger.

Bien. Ça, c'est réglé. Cependant, avouons-le, le tableau qui précède laisse entendre qu'il ne faudra pas s'en remettre uniquement à votre chère épouse pour maîtriser les teen-agers. La tactique pourrait se révéler insuffisante, malgré tous nos judicieux conseils. Afin de conserver son teint de pêche, le Toujours Jeune Père doit donc chercher d'autres alliés. Mais ainsi que nous l'allons voir, ça ne va pas être de la tarte.

**QU'ON NOUS FICHE LA PAIX AVEC LES FEMMES !**
**Le grain de sel de Lionel Choupard, président de l'Apap**

Les auteurs de ce livre – au demeurant intéressant, si l'on veut – ont décidément du temps à perdre ! Une typologie des femmes ? Pour quoi faire ? Elles sont toutes les mêmes ! Des incapables, juste bonnes à récriminer sans cesse, sur un mode criard !

L'instinct maternel ? La plus grande imposture depuis l'affaire du Courrier de Lyon ! Ah, que sont devenues les grandes figures de la féminité ? Les Marie Curie ! Les Jeanne d'Arc ! Les Catherine Langeais ! Aujourd'hui, vous voulez que je vous dise, tout ça c'est bigoudis et compagnie !

## Le halte au feu d'Antilogus et Festjens

Bon Dieu, Choupard, on peut pas vous laisser seul cinq minutes ! C'est dérapage sur dérapage ! Nous ne sommes pas contents du tout, Choupard. C'est vous, c'est dit, vous êtes mis à pied une semaine. Vous aurez le temps de méditer sur votre conduite indigne d'un gentleman.

## Chapitre 12

# VOTRE ENTOURAGE : DES GUIGNOLOS !

L'alpiniste surpris en altitude par la tourmente de neige garde le sourire, même coincé sur la plus dérapante corniche verglacée, à court de vivres, les orteils gelés, même s'il a égaré ses moufles ; il sait que d'un moment à l'autre, piloté par un solide et bourru moustachu, l'*Alouette III* de la Gendarmerie nationale va surgir du ciel pour le tirer du pétrin. Et nous adressons un cordial salut à tous les gendarmes, et à tous les moustachus ; ce que vous faites est épatant, les bourrus !

Le marin-pêcheur roulé par la tempête dans des creux de 7,50 mètres ne s'affole pas un instant ; il continue de raconter des blagues salées à ses camarades qui pouffent de rire entre les paquets de mer, convaincus que le remorqueur des garde-côtes est déjà en route pour les secourir, fendant les vagues telles de bénignes mottes de beurre.

L'automobiliste renversé dans un fossé la tête en bas reste parfaitement zen ; s'il réussit à manipuler son autoradio, il sélectionne un programme de musique douce, ambiance hawaïenne, swing léger, et prend son mal en patience. Il n'ignore pas que d'athlétiques pompiers au visage glabre – hardi les gars, Antilogus et Festjens vous tapent sur l'épaule ! – vont très vite venir le désincarcérer des tôles fumantes de son Opel.

Eh oui, c'est ainsi. C'est ce qu'on appelle vivre en société. Tout contribuable, dès lors qu'il est en danger, s'attend à entendre sonner le clairon de la cavalerie qui rapplique à la rescousse… Tout contribuable, ou presque. Car qui se préoccupe de secourir le Toujours Jeune Père aux prises avec son ado dans une lutte incessante, un lancinant pancrace pareil à la danse de mort de l'araignée *Piqûus mortalis*, quand elle saisit sa proie pantelante entre ses horribles mandibules chitineuses ?

**STOP INFO !**
**Pourquoi les gendarmes ont-ils des moustaches et pas les pompiers ?**

Le gendarme, avec sa fière moustache, affirme son autorité. Le type, ça se voit au premier coup d'œil, n'est pas une gonzesse. Il peut à tout moment dégainer son arme de service et ouvrir le feu sur le contrevenant. Le pompier, bien qu'également viril, a en revanche pour mission d'éteindre le feu. Ses moustaches, s'il en avait, s'enflammeraient dans les incendies ! Ce qui ne ferait, convenons-en, que compliquer la situation… Avec un sens des responsabilités digne d'éloges, le pompier français affronte donc le feu du rasoir avant le feu de forêt. Au look avantageux à la José Bové, il préfère l'efficacité. Merci à toi, pompier français !

On a vu un peu plus tôt dans cet ouvrage qu'au registre de l'aide et de l'assistance il ne fallait guère compter sur madame. N'y revenons pas, inutile d'en rajouter. C'est déjà tellement moche… Mais n'y a-t-il pas alors quelqu'un d'autre, dans votre entourage, qui va se lever pour vous sauver la mise, vous soulager un tant soit peu du terrassant boulet ? Quelqu'un qui viendrait vous serrer doucement le biceps d'une main fraternelle et vous dirait « Confie-moi ton ado, Bernardo », « Ne t'en fais pas, Mustapha », « Je m'en occupe, Arelstrup » ? Le moment est venu d'un passage en revue des effectifs, ami TJP. Il y a du monde autour de vous. C'est peut-être une bonne nouvelle. Toutefois, pas de faux espoirs, pas d'emballement prématuré ! Rien n'est gagné.

### LES GRANDS-PARENTS, DES LÂCHES ?

C'est une des bizarreries les plus insensées de l'existence : il existe deux sortes de grands-parents. Vos parents, des gens admirables, mais aussi ceux de la mère de vos enfants, des personnes de grande qualité. Parmi cette élite, penserez-vous, l'un ou l'autre va forcément vous tendre la main et prendre en charge votre ado, ne serait-ce qu'une heure ou deux, le temps de vous laisser souffler ? Eh bien, non. Déception est le mot qui fraye sa route dans le vieux lobe frontal. Jadis, quand votre rejeton était encore un garçonnet joufflu, une fillette délicieuse aux éclats de rire attendrissants, les grands-parents se battaient presque pour les prendre chez eux, les emmener jouer au jardin public, faire un tour de manège (sur le camion de pompier ou le carrosse de Cendrillon), jeter du pain aux canards dans le parc ou voir le dernier spectacle de Chantal Goya. C'était beau comme dans une pub télé, papy avec son pantalon en velours cotelé et ses caramels au lait, mamy avec ses exquises tartes aux pommes et son ventre resté plat grâce au bifidus actif... Hélas, tout a terriblement changé. À présent que l'enfant est devenu un ado, c'est-à-dire un être effroyable juste bon à hausser ses épaules maussades et à considérer le monde avec un regard de veau, les grands-parents ne se bousculent plus pour le garder. Ils auraient même tendance à se défiler... C'est lâche. C'est mal. C'est contraire à l'esprit chevaleresque. C'est vrai ça, ce n'est pas parce qu'on a les cheveux blancs qu'il faut se conduire comme des minables, quand même !

Bien sûr, les aïeuls continuent à distribuer quelques billets de 20 de loin en loin, lors des réunions de famille ou du déjeuner dominical, mais le compte n'y est pas, comme diraient les camarades syndiqués – que nous embrassons chaleureusement, puisque l'occasion s'en présente.

Dans cette débandage généralisée du troisième âge, un petit avantage tout de même aux grands-parents maternels : eux n'osent pas – vous êtes leur gendre, une certaine réserve s'impose – vous lancer au visage que si votre adolescent est imbuvable, c'est votre faute. Alors que vos propres parents ne s'en privent pas. Oui, le sang de votre sang, la chair de votre chair ! Des reproches odieux ! Incroyable ! Jusqu'où descendra-t-on dans la spirale de l'injustice ?

Pères de famille en détresse, il existe un moyen simple de savoir à l'avance ce que vous pouvez attendre – ou ne pas attendre – des grands-parents de votre jeune. L'accueilleront-ils chez eux pour les vacances de Noël, l'emmèneront-ils à Biarritz à Pâques ?

Tout dépend de la façon dont ils se font appeler.

• **Papito et Mamynou**

Un affichage de bonhomie qui trahit surtout la volonté de rester à l'écart des problèmes et conflits. Ceux-là vont *jouer* les grands-parents modèles, mais le seront-ils ? À votre avis ?

• **Papy et Mamy**

Soutien minimum à espérer. Tout juste une bienveillance hypocrite à l'égard des différentes parties en présence.

• **Grand-père et Grand-mère**

Un peu mieux. Ceux-là admettent qu'ils sont grands-parents, mais c'est un constat dénué d'enthousiasme, façon de laisser entendre qu'il ne faut pas compter sur eux.

• **Pépé et Mémé**

Un choix bas de gamme qui fleure l'abandon de toute autorité, le confinement dans un strict rôle d'observation. Mauvais.

• **Pépère et Mémère**

Pire. On se traîne dans le sordide, c'est la piteuse annonce d'une impuissance caractérisée. Qu'attendre d'une « mémère » ou d'un « pépère », sinon les voir prendre une tasse de tisane avant de se glisser en chevrotant sous la couette ?

• **Père-grand et Mère-grand**

Vieille France. Sans doute une conscience plus ou moins claire du rôle qu'on devrait assumer, mais en même temps une prise de distance, une façon de dire qu'on est au-dessus de la mêlée. Peu d'espoir.

• **Jean-Guy et Jacqueline**

Dramatique. Jean-Guy et Jacqueline refusent tout bonnement d'admettre qu'ils sont des grands-parents, ils ne veulent rien savoir ni entendre… Bande de fumiers !

Vous voilà fixé, ami… Ajoutons que par un coup en vache du destin, une abominable fatalité arithmétique, les grands-parents ont pris de l'âge en même temps que vos enfants. Désormais, ils ont mal ici, ils ont mal là, ils souffrent de diabète, de rhumatismes, de problèmes cardiaques, de la maladie d'Alzheimer – attention, beaucoup font semblant pour qu'on leur fiche la paix ! –, bref, pour un peu, ce sont eux qui auraient besoin d'aide. Eh oui, camarade, voilà la sinistre vérité : pris entre ses vieux parents qui vont mal et ses enfants qui ne vont pas bien, le TJP est broyé entre le marteau et l'écorce. Les anciens ont besoin de lui, les jeunes ont besoin de lui, mais lui aurait surtout besoin qu'on le laisse respirer, merde, c'est quand même pas difficile à comprendre, ça !

## VOS AUTRES ENFANTS, DES PLANCHES POURRIES ?

Ils se trouvent être les frères et sœurs de l'ado. Et peut-être des ados eux-mêmes, allez savoir ! Autant dire des incapables. Ne comptez pas sur eux pour vous apporter le moindre soutien... Au mieux, ils viendront vous voir pour se cafter les uns les autres et vous révéler des choses peu reluisantes :

— Papa, Laurent il a caché son shit dans la chasse d'eau des toilettes !
— Papa, Émilie elle a pas dormi chez sa copine Maïté samedi. Elles étaient en boîte !
— Papa, c'est Jean-Benoît qu'a fait la bosse sur ta voiture, l'autre fois ; il l'avait prise sans te le dire !

Autant d'informations intéressantes, mais qui ne remontent guère le moral du père de famille accablé de soucis.

Autre point malgré tout positif : les enfants se battent entre eux, surtout les garçons qui n'hésitent pas à s'envoyer de vigoureux coups de poing en se hurlant des insultes infâmes au visage. Ils s'administrent ainsi d'eux-mêmes les roustes que vous n'osez pas leur flanquer... Et ça soulage, bon sang, on se défoule par procuration ! Non ? Vous n'êtes pas d'accord ? Vous trouvez que c'est une honte d'écrire des choses pareilles ? Vous avez mille fois raison, amis lecteurs, Antilogus et Festjens vous présentent leurs plus plates excuses. Seul le surmenage, joint à un état d'exaltation avancé, peut expliquer un dérapage aussi regrettable. Les mots ont dépassé notre pensée, une cérémonie de repentance sera organisée dans les meilleurs délais, ne fermez pas ce livre, ne le jetez pas à la benne ! Regardez-nous, quoi, nous restons de fidèles vieux chics types ! À l'avenir, c'est promis-juré, on le fera plus !

Pourquoi, en fin de compte, les frères et sœurs de votre ado – et aussi ses demi-frères et sœurs – ne sont-ils pas des alliés sûrs ? Parce qu'à chaque fois que vous voudrez intervenir dans leurs affaires, vieux, vous vous heurterez à une absurde solidarité de génération. Les jeunes feront front commun contre vous, à l'instar de ces grands cervidés qui, dès que le loup pointe l'oreille dans la sombre forêt, cessent de s'affronter à coups d'andouillers pour faire face ensemble au danger… Comme si vous étiez un loup qui pointe l'oreille dans la sombre forêt, monsieur ! Vous, un type tellement exquis ! On en aura décidément entendu des vertes et des pas mûres, dans ce bouquin.

**Attention, important !**

Il serait fallacieux de penser que les demi-frères et sœurs sont moitié moins pénibles que les frères et sœurs. Ce sont, admettons-le une fois pour toutes, des emmerdeurs à part entière.

## Les oncles, tantes, neveux, cousines et autres guignols

Dans le jargon de la généalogie, on appelle cette branche maudite les « collatéraux ». L'expression « dégâts collatéraux » rendrait mieux compte de la réalité... Les cousins et neveux – souvent les mêmes individus, selon l'angle à partir duquel on les observe – se contentent, quand ils sont petits, de courir partout en hurlant – une sorte de copie brouillonne de vos propres enfants. Plus tard, quand ils ont trouvé un vague boulot dans les assurances ou la banque, ils pérorent dans les assemblées de famille avec un air satisfait d'eux-mêmes, en proférant d'ineptes âneries. C'est intolérable. Pourtant, au sein de cette bande odieuse, c'est l'oncle, de loin, qui mérite le pompon. Bizarrement, l'individu, lui-même un gamin attardé et grotesque, se montre aussi sévère et strict avec ses propres enfants qu'il est laxiste et démagogue avec les vôtres. Voici, choisies au hasard, quelques-unes des phrases inadmissibles qu'il adressera sans ciller à votre acnéique :

— Dis donc, Jean-Baptiste, débrouillard comme tu es, tu ne pourrais pas me procurer un peu d'herbe ?
— Tu as raison, ma petite Audrey, les études c'est de la merde ! Moi, tu sais, j'étais comme toi, nul en classe, et regarde, ça ne m'a pas empêché de réussir...
— Dis donc, Nico, toi qui es habile de tes mains, tu pourrais pas me voler quelques DVD à la Fnac ?

La femelle de l'oncle, la tante, est moins pousse-au-crime. Elle n'incitera pas ouvertement votre benêt à devenir un gangster, mais elle fait pire, elle s'autorise à vous donner des conseils d'éducation. Elle ! À vous ! On hallucine ! Soit dit entre nous, et sans vouloir s'énerver, les tantes feraient mieux de la fermer. Oh oui ! Parce qu'il y aurait beaucoup à dire, mesdames. Et seule notre volonté d'œuvrer pour la paix des familles nous impose un silence frémissant d'indignation…

Amis, n'hésitez pas, vengez-vous de l'oncle irresponsable et de la tante insidieuse : dites à vos enfants de les appeler « tonton » et « tata » ! Ha, ha, bien fait pour eux !

### Le chat, le chien, le canari : des nuls !

Ce sont assurément des figures marquantes et sympathiques de la maisonnée, mais leur efficience reste à démontrer. Ah, si seulement le chien aboyait pour vous prévenir chaque fois que l'ado est sur le point de faire une bêtise ! Si le chat venait vous griffer doucement le bas du pantalon pour donner l'alarme ! Ce serait fantastique ! Mais on ne peut en attendre autant de ces animaux qui, après tout, restent des bêtes. C'est à se demander ce qu'on apprend aux chiens dans les écoles de dressage.

Quelles autres espèces pourraient vous venir en aide ? Le hamster est inopérant. Le poisson rouge fuyant. La tortue inapte à toute action décisive – sauf la tortue géante des Galapagos qui pourrait bloquer l'ado dans sa chambre en s'endormant devant sa porte. Peut-être le boa constrictor, capable de l'étreindre dans ses anneaux pour l'immobiliser. Ou encore l'ours brun qui, enchaîné dans la cuisine, grognant et agitant ses épouvantables pattes griffues, tiendrait le freluquet ou la donzelle à distance respectueuse du frigo. Ce serait au moins l'assurance d'économies substantielles, vite englouties, il est vrai, dans d'autres dépenses. Car l'ours domestique – *Ursus domesticus* – reste une bête rare et ruineuse d'entretien. Prévoyez des frais considérables en miel et saumon ! Quant à l'ours sauvage – *Ursus ursus hooliganis* –, en appartement, n'y pensez même pas. Souvenez-vous, le vase Ming ! Ce serait dommage.

Somme toute, c'est seulement dans un monde idéal que l'animal vous serait d'un quelconque secours…

Mais dans un monde idéal, songez-y, l'enfant deviendrait directement un adulte, sans passer par la case adolescence ! Comme ce serait merveilleux ! Seulement, ce monde-là n'existe pas, les gars. Désolés.

### Vos amis, une belle bande de foireux ?

Un conseil : si vous voulez qu'ils restent des amis, n'essayez pas de leur coller votre ado dans les pattes. De toute façon, ne rêvez pas, ils ne l'emmèneront pas à la montagne pour les congés de février, ils ne l'embarqueront pas avec eux à Ibiza pour les vacances d'été... À la réflexion, ces foutus amis sont de sacrés égoïstes. D'ailleurs, puisqu'on en parle, êtes-vous sûr que ce sont des amis ?

### Les voisins, des minus ?

Il nous en coûte d'avoir à évoquer cette engeance notoirement nuisible. Car les voisins sont ce qui se fait de pire à la surface du globe, une fois mis de côté les serial killers, les criminels de guerre et les supporters du Paris-Saint-Germain. Et c'est d'autant plus rageant qu'ils devraient être au contraire les précieux assistants du TJP ! Le voisin, toujours sur le qui-vive, toujours prêt à porter plainte, sait tout ce qui se passe chez vous en votre absence : sono poussée à fond, cavalcade de groupe à travers l'appartement, sauts éléphantesques sur les planchers, effondrement de buffets Louis XII, fracas de vaisselle, dégât des eaux, court-circuit et départ de feu, rien n'échappe à sa vigilance fébrile.

Mais que fait-il, au lieu de venir vous délivrer calmement son rapport et de jouer la carte d'une franche et fructueuse collaboration ? Il s'emporte, il frappe au plafond avec un manche à balai, il gesticule dans les étages, il sonne à votre porte pour vous postillonner des reproches au visage, comme si tout ça c'était votre faute ! Quel regrettable gâchis !

Sache-le, voisin, ce n'est pas là une attitude constructive.

Cependant, dans un souci de concorde générale, et pour répondre au souhait du syndic de l'immeuble, nous vous recommandons, ami, au cas où votre ado donnerait une petite soirée, de le signaler par un message d'avertissement affiché dans l'ascenseur ou près des boîtes à lettres. Vous écrirez quelque chose du genre :

*« À tous les locataires et copropriétaires*
*du 66, de la rue Aristide Leflanc,*
*bonjour !*
*Samedi soir,*
*Marie-Léa fêtera ses 18 ans*
*en invitant quelques amis,*
*aussi faut-il s'attendre*
*à une certaine animation.*
*D'avance, merci de votre patience*
*et de votre compréhension !*
*Bon week-end à tous ! »*

Mais vous pouvez aussi donner à votre texte une touche plus moderne et dans l'air du temps :

« Bande de bolloss,
samedi ça va être trop chaud,
y aura une teuf d'enfer au 4$^{e}$ gauche !
Si c'est trop relou pour vous, vous avez qu'à bouger de là !
Et si vous cherchez le blème, on va vous marave la gueule !
Au cas où vous auriez pas compris, on vous emmerde !
Signé : Marie-Léa et son daron. »

De toute façon, les voisins vont râler, alors autant se faire plaisir !

## Les éducateurs, moniteurs et autres risibles pitres

Cours de soutien, activités sportives ou paroissiales, visites médicales, stages en entreprise… L'adolescent, quand on y pense, est entouré d'une foule d'intervenants divers qui devraient s'occuper de lui bien davantage qu'ils ne le font. Le prof de judo, par exemple, pourrait lui casser un bras, juste histoire de le mettre hors d'état de nuire pendant quelques semaines. Rien de bien compliqué pour lui ! Un atémi à la clavicule, et c'est réglé ! Le médecin scolaire pourrait décider de l'hospitaliser, de le faire interner d'office pour un trimestre. Un trimestre de calme !

Bon, d'accord, l'adolescence n'est pas officiellement considérée comme une maladie mentale – on se demande bien pourquoi ! –, mais est-ce une raison valable pour ne rien faire, pour rester l'arme au pied, inerte, à attendre que de nouvelles catastrophes se préparent ?

## Les parents des copains de l'ado

Votre ado a des copains, vous avez payé pour le savoir. Ces copains ont des parents – même si c'est difficile à croire, tellement ces sataniques freluquets sont mal élevés. Eh bien les parents des copains de votre ado, monsieur, sont vos alliés objectifs. D'ailleurs vous les connaissez, vous leur avez déjà téléphoné le jour où Jean-Guillaume est rentré à 4 heures du matin, alors qu'on l'attendait à 22 h 30, et l'autre fois, vous savez, quand ils se sont fait prendre en train de voler des DVD à la Fnac…

Avec les parents des copains, vous auriez pu échanger des informations, monter des opérations concertées, agir avec une efficacité accrue ! Hélas, ces gens sont des têtes de lard, des bouées crevées, des traîtres d'une rare mauvaise foi. À la première occasion, n'en doutez pas, ils se débineront. Ils accuseront votre ado d'avoir une mauvaise influence sur leurs enfants – inouï ! –, alors que c'est exactement l'inverse. Mais bien sûr ! Un peu de lucidité et d'honnêteté intellectuelle, tout de même ! Et encore une fois, quel gâchis ! Car si les parents des copains se montraient aussi soudés et solidaires que les copains le sont entre eux, ils formeraient une armée formidable, une force invincible qui changerait la face du monde. Ah tiens, on en a des frissons dans le dos…

### La police, que fait-elle ?

Les flics sont des faux amis par excellence. Parce que, bon, les policiers ont le pouvoir d'arrêter votre ado – et sans doute le feront-ils un de ces quatre matins –, mais vous verrez, ils le relâcheront tout de suite. Et avec une amende, que *vous* devrez payer. Ah, merci beaucoup, les gars ! Merci du coup de main !

En conclusion, tout cela est affligeant. « Famille, je vous hais ! », écrivait Jean-Paul Sartre, ou un autre intello binoclard du même tonneau. Nous aurions aimé nous inscrire en faux contre un tel propos et crier : « Non, monsieur Sartre, vous ne pouvez pas dire des choses pareilles, non, c'est odieux, arrêtez ça tout de suite ! »… Hélas, comment donner tort au pessimiste vieux bigleux ? Nous serions même tentés d'écrire, en élargissant son contestable concept : « Entourage, je vous hais aussi ! » Car, reconnaissons-le, dans ce groupe au regard fuyant que nous venons de passer en revue, parmi toute cette damnée smala, personne n'est sorti du rang pour vous épauler. Personne ne s'est avancé pour mettre son épée à votre service, comme le faisaient autrefois les preux chevaliers. Heureusement, nous sommes là, Antilogus et Festjens, vous savez, les deux gus, et tous les membres de l'Apap (l'Association protégeons et aidons les papas), au nombre de 37 à travers la France métropolitaine et les DOM-TOM. Et surtout, surtout, voici la merveilleuse bonne nouvelle :

une lueur d'espoir se lève… Si, si, regardez bien, là-bas, quelque chose est en train de se produire. La rentrée des classes ! Enfin, un renfort de taille ! Vous allez respirer, vieux.

**JÉSUS VOUS AIME !**
**L'homélie de Mgr Laroche-Fournier, vicaire auprès du nonce apostolique**

C'est un grand bonheur pour l'Église de me permettre de m'exprimer dans cet ouvrage d'une haute tenue morale, et j'en profite tout de suite pour ajouter à la description de l'entourage du jeune une figure essentielle, celle du prêtre. Le directeur de conscience. Le confesseur. Lui, mes bien chers frères, peut vous aider ! Il peut vous aider, oui, à garder votre jeune dans le droit chemin. En l'inscrivant dès aujourd'hui à l'association *Torse nu avec le Christ*, lancez votre jeune à l'assaut des pâturages de Dieu ! En prenant votre enfant sous sa soutane, il…

**Le carton rouge instantané d'Antilogus et Festjens**

Stop ! Assez ! Bas les pattes ! Ça va ! On a compris !… Bon, Choupard, on a bien réfléchi, vous pouvez revenir !

## CHAPITRE 13

# L'ÉCOLE, LA FAC, LE BAHUT, L'ADO DANS LES GRIFFES DU SAVOIR

L'école, la fac, la prépa, le bahut et tout ce genre de trucs pénibles dont les noms seuls font frémir sont les amis du Toujours Jeune Père. Sisisi. Songez que, grâce à Jules Ferry (à moins qu'il s'agisse de Jules Grévy, ou Jules César. Enfin bref, un de ces fichus vieux types barbus inventeurs de l'école laïque et obligatoire), votre ado est occupé durant la majeure partie de la journée. Nous disons merci, Jules. Songez que s'il n'allait pas en classe, le cher pubère resterait toute la journée chez vous, à glander devant son ordinateur et à vider le frigo. Ou alors il vous suivrait tout le temps et partout comme une ombre molle, jusqu'au bureau ! Une pensée qui fait froid dans le dos.

En signe de gratitude, nous devrions tisser de joyeuses couronnes de fleurs printanières afin d'en décorer le perron des établissements scolaires et afficher de grands sourires de sympathie dès que nous croisons un prof (le type se reconnaît aisément, il porte une veste en velours, un collier de barbe façon Unef

1970, fume de l'Amsterdamer et se gave d'antidépresseurs), et pourtant, avouons-le, cette idée ne nous vient pas spontanément à l'esprit. Le TJP, lorsqu'on lui parle d'école, se recroqueville telle l'huître aspergée de citron et grommelle des phrases déplaisantes. Lui qui, il y a quelques années encore, faisait joyeusement réciter ses leçons au cher bambin, lui qui se portait volontaire pour tenir le stand « pêche miraculeuse » à la kermesse de l'école, lui qui, enfin, ne cessait d'affirmer à toute la smala avoir toujours été premier en classe, le voilà à présent qui s'agite fébrilement sur son siège dès qu'il entend le bruit d'un cahier.

Pourquoi ce revirement soudain ?

Le Toujours Jeune Père ne le sait pas lui-même, et c'est pour cela qu'il se contente de ruminer en mâchonnant sa pipe mais, confusément, le gars nourrit un ressentiment à l'égard de l'Éducation nationale. Quand on lui dit « école », il pense « pas bien ». Fâcheuse désaffection, qui brise nos cœurs républicains. Le malheureux Jules Grévy n'a pas mérité ça. Ni Jules Ferry, d'ailleurs. Voyons où se situe le problème.

## Qu'est-ce qui ne va pas dans l'Éducation nationale ? Enfin toute la vérité !

• **Premier reproche : passé la sixième, on ne comprend plus rien à ce que les ados apprennent en classe.** L'une des raisons pour lesquelles nous aimions l'école quand nos enfants étaient petits, c'est qu'on pouvait répondre à tout, fastoche. « Papa, combien ça fait, deux fois quatre ? » Fastoche[1]. « Papa, quoi c'est[2] la capitale des États-Unis ? » Enfantin : Washington. Mais c'est fini, tout ça. Mettre le nez dans les cahiers d'un ado est désormais l'assurance d'une cruelle désillusion. « Papa, est-ce qu'on peut estimer les principes de la phylogenèse et les métabolismes fondamentaux selon la méthode cladistique ? » Hein ? De quoi ? « Dis voir, papounet, si les coefficients stœchiométriques des réactifs sont égaux à 1, l'équivalence est-elle atteinte lorsque $Ni(CH0) = N (H0^{-})$ ? » Mais bon sang, vous n'en savez rien ! C'est quoi cet invraisemblable charabia ? C'est pour la caméra cachée ? Les ados se sont ligués avec les profs pour se foutre de nous, ou quoi ?

• **Deuxième reproche : les ados arrivent au bac sans savoir faire une addition.** Le saisissant tableau qui précède pourrait laisser penser que les élèves de terminale sont des sortes d'Einstein superdoués en tout, eh bien c'est faux. Einstein ne faisait pas de fautes d'orthographe[3]. La petite cousine d'Einstein, Gerda, ne confondait pas Louis XII et Philippe V. L'épicier d'Einstein lui-même savait situer l'Espagne sur une carte de l'Europe. D'accord, le type s'appelait Miguel Alvarez, mais ça ne retire rien à la démonstration. Il faut se rendre à l'évidence, calcul et orthographe sont des notions dépassées, comme la liste des départements ou l'histoire de France. L'ado, gavé de SMS, méprise l'orthographe. S'il doit effectuer une opération, il se sert de la calculette de son portable. S'il

1. Huit.
2. Syntaxe déplorable, typiquement enfantine.
3. Y compris à son propre nom, pourtant trop relou à écrire.

doit se rendre à Châtellerault (Vienne), il utilise un GPS. Mais comme il ne sait pas écrire « Châtellerault », la damnée machine ne fonctionne pas et il se retrouve à Vienne (Autriche). Ha, ha ! Un point pour Jules Grévy !

• **Troisième reproche : les profs (et donc vos enfants) sont tout le temps en vacances.** Au terme d'une lutte sociale acharnée, nous autres damnés de la terre et forçats de la faim avons obtenu des rois de la mine et du rail (hideux dans leur apothéose) cinq semaines de congés payés. Un maigre résultat, comparé aux vacances scolaires. Ami Toujours Jeune Père, continuons le combat ! Pourquoi le travailleur, ployé sous le joug de son épuisant labeur, n'aurait-il pas droit à autant de vacances que le prof et l'ado qui, honnêtement, n'en fichent pas une rame ? Exigeons douze semaines de congés payés, comme eux[1] ! La lutte sera dure, mais nous savons que vous êtes avec nous, camarade Toujours Jeune Père ! Allons ! Vous n'êtes pas homme à dire non à une petite dure lutte, pas vrai ?

**Douze semaines de congés payés pour tous !**

**Soutenez l'Apap !**

**• Halte au combat fratricide des juillettistes et des aoûtiens !**
**• Oui à un vrai grand pont, du 1er mai à l'Ascension !**
**• Oui au congé de fête des Pères !**
**• Oui aux grandes vacances d'été, plus une semaine à la Toussaint, à Noël, en février et à Pâques, comme les profs ! Y a pas de raison !**

**• Quatrième reproche : les profs sont tout le temps en grève.** En même temps, avec trente ados

1. Les plus attentifs de nos lecteurs objecteront que, dans notre emportement social, nous avons attribué des congés payés aux ados. Eh ben quoi ? Ils vous demandent pas de l'argent de poche pour les vacances, les vôtres ? Là ! Vous voyez !

du prototype du vôtre sur le poil à longueur de journée, on comprend qu'ils râlent et qu'ils veulent plus de pognon. Nous sommes d'accord, ça mérite plus, mais alors qu'ils les gardent même le week-end ! En fait, la vraie question est pourquoi les profs ne sont-ils *pas* tout le temps en grève ?

• **Cinquième reproche : les profs sont tout le temps en formation.** Oui, parce que quand ils ne sont pas en grève ou en vacances, les profs sont en formation. Ce qui répond à la question précédente.

**Petite mise au point à l'intention de nos lecteurs profs**

Une lecture superficielle de ce qui précède pourrait laisser croire que nous émettions quelques réserves sur le glorieux métier de professeur. Impression fausse ! Antilogus et Festjens nourrissent une dévotion pour le corps enseignant, et plus particulièrement pour les admirables maîtres de Sophie, Justine, Marie, Éloïse et Hugo, qui sont des types formidables. Nous tenions à ce que cela se sache. Merci. Et encore bravo !

• **Sixième reproche : les profs sont de gauche,** alors que l'ado est individualiste, dépensier et j'm'en-foutiste, c'est-à-dire de droite. Sisisi, parfaitement, quoi qu'il en dise. Comme tous les gens de droite, l'ado nourrit une admiration secrète pour l'autorité la plus rétrograde, tandis qu'il méprise le laxisme. Ce qu'il lui faut, c'est un prof psychopathe aux veines temporales saillantes, genre le sergent instructeur de *Full Metal*

*Jacket*, et non un type nourri d'idées progressistes, opposé à toute notion de classement, et de surcroît partisan du dialogue. Dialoguer ! Avec un ado ! On voit tout de suite l'inanité du propos. D'ailleurs, si on lui demande son avis, l'ado est contre les cours. Il veut bien avoir son diplôme, ça, d'accord, mais pas aller en classe. Trop relou. Ça le soûle. Grave. Avant, à l'époque lointaine où les Toujours Jeunes Pères d'aujourd'hui étaient de charmants bambins, la question ne se posait pas. Les profs étaient des curés en soutane munis de règles en fer, qui n'hésitaient pas à taper dans le tas au nom du Christ ressuscité. Brimades et punitions pleuvaient dru sur l'élève pétrifié de terreur. Ah, c'était le bon temps !

• **Septième reproche : les profs vous convoquent pour un oui pour un non.** Et à 5 heures de l'après-midi en plus, comme si vous n'aviez pas un boulot normal, contrairement à certains... Tout ça, parce que votre fille a séché les cours pour la dixième fois en deux semaines. Ou alors parce que votre fils a des notes déplorables. Ou parce qu'il a embrassé une fille en classe. Ou la prof de maths (celle avec les seins). Ou parce que lui et ses copains ont volé la voiture du prof d'éco pour la repeindre en mauve. Ha, ha ! Des broutilles ! Oui, parfaitement, des broutilles. Et poilantes, en plus. Car, étrangement, il vous suffit d'être convoqué par le prof principal, le CPE, le dirlo ou quelque autre type de ce tonneau pour vous sentir pleinement solidaire de votre rejeton. Dès l'instant où vous vous asseyez dans son bureau au côté de votre cher jeune délinquant, tout votre passé d'élément perturbateur vous revient en vague, comme la mandoline de Proust. Vous vous voyez à cette même place, face au surgé (ancien nom du CPE), tout à la fois péteux et secoué d'un fou rire irrépressible, pour quelque potacherie hilarante, comparable à celle dont on accuse votre rejeton. En cet instant, seul votre sens aigu de la négociation (qui vous a valu à la Sofires le surnom envié de « Kissinger du compresseur hydro-propulsé ») vous empêche de bondir sur la table du pénible raseur en poussant des cris de Sioux. C'est bien. Ne le faites pas. Votre enfant pourrait ne pas saisir toute l'ironie nostalgique d'une telle démarche, par ailleurs empreinte d'un indéniable panache. Au contraire, opinez gravement aux propos du gommeux. Prenez un air effaré. Assurez-lui que des mesures drastiques vont être prises à la maison. Que l'ado sera sévèrement puni. Puis allez boire une bière avec votre cher bambin en évoquant vos propres frasques. Comme la fois des boules puantes, ou cette autre, quand la prof de géo est tombée de l'estrade et qu'elle s'est cassé une patte ! Ha, ha ! Quelle marrade !

La prochaine fois, monsieur, vous enverrez votre femme.

• **Huitième reproche : on vous demande sans arrêt d'assister à des réunions de parents d'élèves.** Disons-le tout de suite, rien n'est plus insupportable qu'une réunion de parents d'élèves, à part une réunion de copropriétaires ou une séance chez le dentiste. Comme chez l'odieux praticien, rien de bon ne va vous arriver. Certes, il est peu probable que le prof se mette à vous forer une dent à l'aide d'une fraise électrique – encore que le cas se soit vu lors d'une réunion de parents d'élèves de l'école dentaire de Villeparisis – mais le moment sera néanmoins long et pénible. Voyons-en les principaux inconvénients :

— Il n'y a rien à boire. Pas de petits fours, pas même une machine à café. Rien.
— Ça dure des plombes.
— On ne comprend rien à ce que le fichu prof (un nul) essaie de nous dire.
— De toute façon, c'est hyper-pas intéressant.
— On est mal assis.
— Impossible de draguer, même si une mère parent d'élève super-bien gaulée est venue s'asseoir à côté de vous en minaudant comme une loutre.
— Les autres parents d'élèves ont l'air de vieux trucs moisis et ça vous fiche le cafard.
— Il y a toujours une mère pour poser une question. Oui, madame, c'est toujours une mère qui pose une question. Les autres types, comme votre cher mari, n'ont qu'une seule idée, c'est se barrer le plus vite possible de façon à ne pas rater le début du film. En plus, ils n'ont rien écouté et ils s'en fichent royalement, donc, soyons un peu sérieux : comment pourraient-ils poser une question, à part : « Il y en a encore pour longtemps ? »

La prochaine fois, monsieur, vous enverrez votre femme.

**Comment ne pas s'ennuyer mortellement lors d'une réunion de parents d'élèves**

Arrivez avant les autres parents et, une fois dans la classe, attirez le prof à l'écart sous un prétexte futile (orientation post-bac du rejeton, nouveau catalogue de la Camif, réforme de l'Éducation nationale). Endormez-le à l'aide de la prise des doigts qui tue (lâchez-le avant qu'il devienne tout bleu). Piquez ses lunettes et sa veste pleine de craie, puis flanquez le type dans un placard avant que les autres crétins n'arrivent. Accueillez-les d'un air à la fois supérieur et bonasse, comme si vous étiez le prof. Une fois que tout le monde est là, partez d'un grand rire strident, dites que toute la classe est nulle et qu'ils vont tous redoubler, roulez-vous par terre en donnant des coups de pied dans le vide.
Fuyez avant l'arrivée de la police.

• **Neuvième reproche : l'école (ou la fac) est fermée le week-end.** En plein pendant vos jours de repos. Comme par hasard ! Avouez qu'il y a de l'abus. Ils le font exprès, ou quoi ? Exigeons l'ouverture de l'école le samedi et le dimanche matin, qu'on puisse avoir la paix ! Les profs n'auront qu'à prendre leurs week-ends le lundi, comme les autres commerçants.

• **Dixième reproche : ils font tout le temps des réformes.** Sitôt nommé, chaque nouveau ministre de l'Éducation nationale fait son intéressant en lançant une grande réforme qui, invariablement, jette des hordes de profs et d'élèves dans les rues, comme s'ils n'attendaient que ça. Étrangement, malgré ce flot réformateur quasi ininterrompu depuis le Front populaire, les choses ne s'améliorent pas. C'est navrant. Voilà pourquoi l'Apap (Association des parents autonomes du public) a décidé, elle aussi, de lancer sa réforme de l'enseignement. Il n'y a pas de raison. Notre programme, résolument audacieux, prône l'abandon des filières classiques au profit de formations aux contenus plus modestes, mais réellement utiles. Nous prônons la création du :

— Bac R : Ranger sa chambre.
— Bac A : Aider à débarrasser la table.
— Bac E : Écrire en français.
— Bac F : Faire une addition.

Nos chercheurs planchent également sur un bac G (être Gentil avec sa mère), un bac S (Se laver les dents) et un bac RPT (Rentrer Pas Tard), mais ce n'est pas encore tout à fait au point. Eh bien, croyez-le ou non, nous n'arrivons pas à obtenir un rendez-vous auprès de l'Académie. C'est une honte !

On le voit, l'amertume du Toujours Jeune Père vis-à-vis de l'Éducation nationale était fondée. Certes, l'école, la fac, le bahut et autres trucs pénibles occupent votre ado durant une bonne partie de son temps, et là, bravo, rien à dire. Mais enfin, une partie *seulement* de son temps. Et ça, c'est moche. Plus grave encore, ses obscures activités estudiantines, au lieu de rester poliment confinées à la sphère extérieure, n'hésitent pas à faire sans cesse irruption chez vous, au risque de gâcher votre précieux temps de repos ! Bon sang, mais ces gens-là ne respectent donc rien ?

## Comment couper court à votre mission (sacrée) de parent d'élève tout en restant smart ?

Oui, couper court. Car enfin n'oublions pas, n'oublions jamais SVP, que le but de ce livre épatant est de rendre votre vie, cher vieux zigue, encore plus harmonieuse, sereine et décontract'. Or, la mission (sacrée) de parent d'élève n'est pas décontract'. Pas du tout. Navrés. Problèmes, décisions et compagnie… La plupart du temps, le Toujours Jeune Père se sort du pétrin en confiant à sa tendre épouse la gestion intégrale des questions scolaires, mais il arrive que la damnée tête de pioche rechigne et qu'elle exige votre intervention. Refuser tout net pourrait la froisser. Se cacher sous le lit en gémissant nuirait à votre image. Il va donc falloir, ami lecteur, être sur le pont, braver la tempête, garder le cap et toute cette sorte de chouettes métaphores marines.

Nous savons, c'est moche. Mais une fois encore, nous sommes là, avec un tas d'astuces admirables pour couper court à la fichue mission (sacrée) sans avoir l'air de vous défiler comme un péteux, pour une fois.

### • Mission sacrée numéro 1 : aider votre ado à faire ses devoirs

Or, ainsi que nous l'avons vu plus haut, un simple coup d'œil au livre de cours ouvert sur la table de travail (ha, ha !) de votre rejeton ne vous a laissé aucun doute, c'est du chinois. Comment l'aider à faire ses devoirs, si vous n'en comprenez pas un traître mot ? Pas grave, nous sommes là. D'abord, quittez cet air affolé. Tout en lisant l'énoncé du problème de maths, adoptez une moue amusée. De temps à autres, pouffez. Puis levez les yeux au ciel en lui rendant le bouquin et dites : « Vous en êtes encore là, en terminale ES ? Eh ben, mon vieux… Bon, pour la cladistique, il faut que tu trouves la récurrence arithmétique de terme 1 et de raison 2. Ou alors, plus simple, tu calcules le coefficient fondamental. Je ne vais pas faire tout ton devoir à ta place, non plus… Allez, je te laisse, mon grand ! » Et puis tirez-vous.

*Variante :* dites « demande à ta mère, elle qui est tellement forte ! ».

### Mission sacrée numéro 2 : aider votre ado à choisir sa filière

Comme tout le monde[1], vous avez été pris de court quand votre ado a eu son bac. Naïvement, vous pensiez qu'un jeune sbire incapable d'écrire « Châtellerault » serait refoulé par des appariteurs ivres de rage, mais il n'en fut rien. Il faut croire que la question « Châtellerault » n'a pas été posée. Enfin bref, le cher petit a eu son bac. Et avec mention, si ça se trouve.

Pas de panique. Dans un premier temps, ce que le jeune brillant bachelier attend de vous, ce sont des cris de joie, suivis d'un cadeau à la hauteur de l'exploit. Un scooter. Le permis de conduire. Une guitare électrique.

1. Les bookmakers de la City le donnaient quarante contre un.

Hélas, passé ces instants de ravissement familial, il va falloir songer à l'avenir immédiat, avec d'autant plus d'urgence que votre ado, lui-même stupéfait d'avoir obtenu le précieux diplôme (un fond de réalisme, dû à votre remarquable exemple), n'a pas la moindre idée de ce qu'il veut faire, et que l'Éducation nationale (qui n'en rate pas une) a choisi de décerner le bac pile au début des vacances ! Bon sang, mais ces types sont les ennemis des loisirs, ou quoi ?...

Allons, encore une fois, ami, pas de panique ! Plutôt que de vous précipiter au CIDJ ou de poireauter comme un pitre dans les files d'attente des prépas les plus cotées, reportez-vous sereinement à la liste qui suit, et le tour sera joué.

— **Votre ado est particulièrement grand ?** Orientez-le vers les grandes écoles.
— **Il a les genoux cagneux ?** Inscrivez-le en khâgne.
— **Il a les genoux cagneux à cause du cheval ?** Hypokhâgne.
— **Votre ado est normal ?** Conseillez-lui l'École normale.
— **Il est un peu supérieur à la normale ?** Normale sup.
— **Il fait tout le temps le clown ?** L'école du cirque.
— **Il se tient mal à table ?** L'école de conduite.
— **Il aime le steak haché ?** L'école nationale des métiers de la viande.

*Variante :* laissez faire sa mère, puisqu'elle sait tout mieux que tout le monde.

**• Mission sacrée numéro 3 : convaincre les profs de donner de bonnes notes à votre ado**

Les blouses grises, cela ne vous aura pas échappé, ont une fâcheuse tendance à donner de mauvaises notes et, disons-le tout net, plus on grimpe dans les études, plus cette habitude déplorable s'intensifie. Un 7/20 est une bonne note en Maths-Sup. À partir de 9,5/20, on convoque un sculpteur pour envisager un buste. Le môme qui obtient un 11 est immédiatement nommé doyen. Vous voyez le genre. Eh bien, il faut que ça change. Car de mauvaises notes dépriment le rejeton qui, du coup, doute de la filière qu'il a choisie. Et ça vous fait du boulot.

Les plus odieusement rétrogrades de nos lecteurs (auxquels nous adressons l'expression de nos sentiments distingués) grommelleront que la meilleure manière d'obtenir de bonnes notes est de travailler plus que les autres. Peut-être même ponctueront-ils cette sentence sans appel d'un vigoureux « nom de Dieu ! ». Eh bien, les vieux gars, laissez-nous vous dire que vous risquez de les attendre longtemps, ces bonnes notes ! Le TJP n'attend pas le 16/20 en grommelant sur son banc comme un matois paysan du Rouergue. Il ne danse pas non plus en rond tel le chaman emplumé de la tribu des Têtes plates. Non, monsieur. Le TJP agit, et c'est toujours un spectacle de toute beauté. Voyons les trois techniques les plus couramment utilisées.

**Technique n° 1, le coup de boule.** Ancestrale méthode de persuasion, déjà utilisée sous Charlemagne par les parents d'élèves wisigoths mécontents des notes données par le *missi dominici*. L'époque, haute en couleur, ne s'offusquait pas de l'usage de divers instruments aptes à renforcer le dialogue parent d'élève-professeur, tel le fléau d'armes ou la baliste portative. Ah, on savait rigoler, en ce temps-là ! La civilisation est passée par là et le coup de boule, aujourd'hui, n'est plus pratiqué que par des psychopathes ivres de haine ou des footballeurs emportés par l'action. Choisissez une autre technique.

**Technique n° 2, le gros chèque.** Les profs sont mal payés, c'est bien connu (et c'est bien fait pour eux). Le Toujours Jeune Père, fervent défenseur de la justice sociale, s'en émeut, et c'est tout à son honneur. Pourquoi ne pas réparer une injustice tout en assurant l'avenir du petit ? Durant des siècles, des parents fortunés ont ainsi acheté des diplômes à leur progéniture attardée, à coup de donations aux bonnes œuvres. Ce fut même l'un des fondements de l'enseignement catholique. La technique, admirable, permet aujourd'hui encore à des fils ou filles de P-DG, de ministres, de présidents même, d'être nommés aux plus hauts postes. Pourquoi vous en priver ?

**Technique n° 3, la persuasion psychologique.** Voilà enfin une méthode moderne, peu coûteuse et innovante qui, avouons-le, a toute notre sympathie. Durant la nuit, introduisez-vous dans le modeste pavillon du professeur, puis rampez tel le Sioux jusqu'à son lit et murmurez lentement, quelques centaines de fois, un message subliminal qui s'incrustera dans le cerveau détendu de l'enseignant endormi : « Doooonne uuun seeiiize suuur viiingt à

Sooophiiiie… Doooonne uuun seeiiize suuur viiingt à Sooophiiiie… »

On le voit, les missions (sacrées) sont nombreuses et d'une difficulté qui ferait passer le dynamitage des canons de Navarone par Gregory Peck et sa bande de loustics pour une petite promenade en montagne. Et pourtant, le TJP n'est pas décoré. Il n'a sa statue nulle part. Aucun livre ne conte ses palpitantes aventures. C'est moche.

On comprend qu'après autant d'efforts il ait besoin de vacances.

## MAIS QUE LEUR APPREND-ON À L'ÉCOLE ?

**Le grain de sel de Lionel Choupard, président de l'Apap**

Tout d'abord, je tiens à remercier MM. Antilogus et Festjens pour avoir bien voulu m'accepter de nouveau dans leurs pages. Et, qui plus est, justement pour dénoncer le laxisme d'une Éducation nationale qui part à vau-l'eau. Allons ! Du temps de nos pères, chaque écolier de France savait rédiger à la plume Sergent Major d'impeccables compositions françaises dénuées de la moindre faute d'orthographe. Chacun connaissait sa liste des départements. On savait son grec et son latin. Fini, tout ça ! Ballepeau ! Zobi ! L'écolier moderne est comme une mobylette sans freins ni phares lancée sur une route de campagne, au cœur de la nuit : au premier virage, c'est le platane à tous les coups. Schplaaash ! Écrasé comme une courge !

La liste des départements, tiens, par exemple : songez que le jeune pitre, lorsqu'il aura son permis de conduire, ne pourra pas insulter commodément le pignouf immatriculé 59 (Nord) ou 73 (Savoie) qui bouche la circulation, alors qu'un « Avance donc, crétin des Alpes ! » (pour le Savoyard), ou « Bouge ta caisse, ch'tite bite ! » (pour le Nordiste) auraient eu une sacrée gueule.

Et l'Histoire. Hein, l'Histoire ? Loin de moi toute idée de polémique, mais enfin les auteurs même de cet ouvrage – dont je tiens à nouveau à saluer toute la largesse d'esprit – n'ont-ils pas mentionné un peu plus haut les rois Louis XII ou Philippe V, qui n'existent que dans leur imagination maladive ? N'est-ce pas la preuve éclatante d'une faillite de l'enseignement ?

## La crispation d'Antilogus et Festjens

C'est autre chose qui va faire faillite si vous recommencez, Choupard, damnée tête de pioche ! On vous a dit « faire sympa ». C'est pas dur, quoi merde !

## Chapitre 14

# INSOUTENABLES VACANCES

Est-ce normal ? Est-ce juste ? Ou est-ce encore la preuve – une de plus – que la vie n'est qu'une décoction rance dont il faut chaque jour aspirer sa goulée en y trempant des lèvres bégayantes de terreur ? L'adolescent, qui ne fait quasiment rien de ses journées, est toujours en vacances ! Sans arrêt ! Congés estivaux, Noël, Pâques, Toussaint, Ramadan, Yom Kippour, les pédagogues de l'Éducation nationale ne savent plus quoi inventer pour empêcher les jeunes d'aller en cours. Pour les parents, c'est un casse-tête. Car les parents ne sont pas en vacances, mesdames et messieurs les pédagogues ! Les parents, transpirants esclaves de l'économie moderne, font tourner la baraque en y enfournant de grandes pelletées de travail. N'avez-vous qu'un navet pourri à la place du cœur, un parpaing dans la boîte crânienne ? Qu'allons-nous faire de nos ados, hein, qu'allons-nous en faire ? C'est vous qui allez venir vous en occuper, p'têt' ?

Mais trêve de récrimination… Il ne sera pas dit qu'Antilogus et Festjens se complaisent à geindre telles des hyènes cinglées d'un coup de ceinturon sur l'arrière-train par Zembla le roi de la jungle. Ce sont au contraire des vieux gars sur lesquels on peut compter, de solides types carrés. Ils ne vous laisseront pas choir dans la grumeleuse panade, camarades Toujours Jeunes Pères. Voyons ensemble les solutions qui se présentent, car dans le monde merveilleux d'Antilogus et Festjens – souvent qualifiés de Walt Disney du XXI$^{e}$ siècle – il y a toujours des solutions. Et des valables.

## IDÉE DE VACANCES N° 1 :

### L'ado reste à la maison (et c'est comme ça, on ne discute pas !)

Fichtrement tentant ! Rien à dépenser, aucun effort à fournir, même pas la peine de déposer l'empoté à la gare ou à l'aéroport. À première vue, c'est parfait. Pourtant, notez-le, amis, ce n'est pas l'option que nous privilégions… Certes, rester à la maison pourrait être pour l'ado l'occasion de réviser, de se reposer un peu, de se cultiver en regardant des émissions instructives, mais voyez le douloureux sourire qui crispe nos faciès : jamais l'ado ne révise ni ne se repose ! Il est comme le chacal éperdu qui galope en haletant avec la langue pendante. Le grand Zola, s'il avait daigné écrire des trucs un peu plus marrants que ses romans prise-de-tête, n'aurait pas manqué de comparer le jeune pitre à une sorte de locomotive humaine, un animal bestial, une force de la nature que rien ne peut briser, sauf peut-être un tsunami géant comme dans *Godzilla contre Predator,* un film vachtément chouette. Et autrement plus palpitant que les pesants volumes à la Zola.

On a vu dans un précédent chapitre l'extravagante puissance destructrice de l'ado sur un logement lambda, alors imaginez-le chez vous pendant quinze jours en permanence, sans le moindre contrôle, car pendant ce temps-là vous serez au boulot, vieux ! Ses copains vont débouler. Ils vont organiser des teufs. L'endroit va ressembler à une scène de crime. Au mieux, le frigo sera vidé, des chewing-gums seront collés sur la moquette, il y aura des brûlures de cigarette sur les accoudoirs du canapé. Au pire, toute la foutue baraque partira dans les flammes et les escarbilles, comme aux plus tendus moments du grand incendie de Londres… Monsieur, madame, ne laissez pas cette bombe humaine à votre domicile. Ce serait une erreur énorme, comparable à celle de ces grotesques milliardaires qui se croyaient en sécurité sur le *Titanic*, ha, ha, ha… Oui, nous rions. Mais c'est nerveux.

## IDÉE DE VACANCES N° 2 :

### Vous partez avec votre ado (et que Dieu vous vienne en aide)

Bénéficiant d'un statut privilégié (père au foyer, fonctionnaire, P-DG, chômeur, gangster, professeur, magnat du gaz russe, gagnant du Loto), vous bénéficiez des congés scolaires. Vous en profitez pour ne pas lâcher d'un pouce la jeune créature et pour l'escorter pas à pas durant ses vacances. Bravo ! C'est courageux. Si, si. Un de ces actes insensés qui fera dire de vous, plus tard : « Bon Dieu, ce foutu type en avait dans le ventre ! » En attendant, plusieurs possibilités se présentent, mais retenez ceci : aucune n'est satisfaisante.

**• Vous emmenez l'ado à la campagne**

C'est absurde. En règle générale, le jeune n'aime pas la campagne, qui le lui rend bien. Il s'y ennuie. Il estime qu'il n'y a rien à faire dans toute cette verdure déprimante sans aucun McDo à portée de baskets. Il trouve – surtout les filles – qu'il y a trop d'araignées, de moustiques, de guêpes, de fourmis, de vipères, toute cette vermine assoiffée de sang qui grouille entre les herbes. Les demoiselles seront en outre effrayées par les vaches. Elles pousseront des cris. En revanche, s'il y a un centre équestre dans le coin, elles insisteront pour aller bichonner les chevaux. Les filles adorent les chevaux. Elles manifesteront peut-être même le désir de monter à cheval. Dans ce cas, elles tomberont du cheval. Hôpital.

Les garçons préféreront tirer sur les oiseaux avec la carabine à plomb trouvée dans le grenier. Ils éborgneront quelqu'un, certainement le voisin, le père Bouet, qui n'a vraiment pas besoin de ça, le pauvre vieux ! De nouveau, hôpital. S'il y a des arbres – et à la campagne, il y en a souvent (sauf dans la région de Scraszeb en Mozéravie où le ciment et le fer prédominent) –, les garçons grimperont dessus. Et ils tomberont de l'arbre. Re-hôpital. Peut-être, par désœuvrement, quand ils en auront assez de jouer au ping-pong ou d'écrabouiller les escargots entre deux pierres, seront-ils tentés d'aller pêcher dans la Brégounette, la rivière locale. Ils tomberont dans la Brégounette. Et s'il y a moyen d'être mordu par un chien ou renversé par un sanglier, ils le seront. Hôpital, et encore hôpital. À notre humble avis, la campagne n'est pas une destination correcte pour les teen-agers. C'est l'hôpital à tous les coups.

- **À la mer**

À peine arrivés, alertez les CRS. Qu'ils se tiennent prêts à intervenir dès que le jeune se sera laissé emporter au large sur sa planche par les courants, les vents, ou tous ces trucs de ouf qui se produisent le long des côtes... Ou dès qu'il aura mis le feu à la pinède, au maquis, à la garrigue, aux broussailles, bref à tout ce qui est susceptible de s'embraser dans le bled. Car, comme un fait exprès, la végétation de bord de mer est toujours hautement inflammable (sauf dans les environs de Lubjonik en Zlobénie où le béton et l'acier l'emportent). Et comme le dit le proverbe : « Joint mal éteint, Canadair au matin ! »

> **À méditer : ce n'est pas un hasard si *adolescence* rime avec *incandescence*.**

L'ado n'est pas le genre de gars à se contenter d'une pétanque et d'un pastis chez Lou Provençou, ni à bronzer tranquille sur la plage – le soleil ferait pourtant un bien phénoménal à son acné. Il préférera passer ses nuits à se démener comme un épileptique au Blue Macumba, la discothèque de la marina. Et vous passerez une nuit d'angoisse à attendre qu'il rentre, ou alors vous irez le chercher en voiture au beau mileu de la nuit et vous serez très énervé, et il sera furieux de vous voir débouler juste au moment où ça devenait trop cool, et ce sera la honte devant ses copains, et il vous fera des reproches saignants, et ce sera l'engueulade généralisée. Toutes choses assez contraires, reconnaissons-le, à l'idée de détente en famille.

> Sans vouloir noircir le tableau, gardez également en mémoire que ***bain de minuit*** rime avec ***beuverie***. Et coucherie. Et haschich party. Il ne manquerait plus que votre fille s'amourache du videur du Blue Macumba pour que ce soit complet !

## À la montagne

Dans le lugubre paysage figé des rocs et des neiges éternelles, votre ado ne manquera pas d'apporter une animation bienvenue, de même qu'il électrisera de sa présence les fabuleuses nuits du Dahu, la boîte de nuit de la station. C'est bien. C'est sympathique. Mais attention, avec une jambe plâtrée (ski), voire les deux (monoski), votre boute-en-train aura peut-être du mal à danser ! Autre péril répertorié en altitude, l'avalanche, que le jeune risque de provoquer en hurlant au-dessus de 2 500 mètres. En hors-piste. Car n'en doutez pas, malgré toutes vos exhortations, il fera du hors-piste.

Il pourrait aussi tomber du télésiège, percuter un sapin, défoncer avec sa luge la baie vitrée du restaurant d'altitude (gros frais à prévoir) ou renverser la marmite de bouillonnante fondue savoyarde sur les genoux d'un ami !

> De façon générale, rappelons que ***sports d'hiver*** rime avec ***faits divers***.

Rappelons aussi qu'en décembre ou février, la nuit tombe tôt sur les monts. Si le boutonneux se lève comme d'habitude vers 3 ou 4 heures de l'après-midi – son rythme de croisière en vacances –, il n'entreverra même pas la lumière du jour. Est-ce bien l'idée qu'on se fait d'un séjour sain et revigorant ? Pour l'Association des guides de haute montagne, il n'y a pas à discuter, l'ado ferait mieux de passer ses vacances dans la vallée avec les gonzesses.

• **À l'étranger**

Ruineux et déraisonnable. L'ado, rappelons-le, est de droite, c'est-à-dire casanier, peu curieux, soucieux de son confort ; il n'a qu'une envie modérée de découvrir le vaste monde. Et le vaste monde, il faut bien le dire, ne meurt pas d'envie de découvrir votre ado. Avec sa tenue dépenaillée, son allure, ses cris, la façon qu'il a de ne pas savoir se tenir, que peut-il apporter aux peuples lointains déjà aux prises avec leurs propres jeunes, sur fond de réchauffement climatique et de dette mondiale ? Il acceptera d'aller à New York, à la limite, parce que c'est une ville pleine de meurtres qu'il connaît grâce aux séries télé. À Los Angeles, pour tenter sa chance à Hollywood. À Londres pour le shopping. À Amsterdam pour la beuze. À Barcelone parce qu'il a vu un film où des jeunes kiffaient grave de vivre là-bas… C'est tout. Le reste de la planète ? Rien à cirer. Visiter des musées, des sites prestigieux, des monuments uniques ? Dites, vous le prenez pour un bouffon, ou quoi ?

Navrés d'avoir à jouer les relous, camarade, mais nous devons mettre les points sur les I. Au cas où vous n'auriez pas encore bien saisi le truc, l'ado a le plus grand mal à s'arracher à son lit. Voir le Taj Mahal, l'Acropole, le Grand Canyon, la tour de Pise ? Il s'en tamponne, il préfère son oreiller ! Et systématiquement, à cause de lui, quelle que soit la visite projetée, vous serez en retard. Le guide sera déjà parti. Ou le taxi. Ou le groupe. Et l'instructive virée tournera à la crise de nerfs. Les populations locales ébahies vous verront trépigner devant l'hôtel en brandissant les inutiles billets d'entrée au muséum… Une scène navrante, qui ne rehaussera en rien le prestige de la France.

**Le conseil de bon sens**

**Pour un voyage à l'étranger, partez seul avec madame ! À deux, c'est bien. Avec les enfants, c'est cher. Et c'est chiant.**

À toutes fins utiles, si vous les entraînez malgré tout hors des frontières, rappelez à votre fille chérie, à votre garçon adoré qu'on ne danse pas tout nu dans une mosquée, qu'on ne braille pas du rap à tue-tête dans un cimetière, qu'on ne tire pas des shoots contre le Mur des lamentations, qu'on ne se balade pas en short ultra-court dans la casbah… Pour bien vous en souvenir, mademoiselle, une petite astuce mémotechnique :

— On ne montre pas ses seins dans un lieu saint.
— On ne montre pas ses fesses à Fès.
Pigé ?

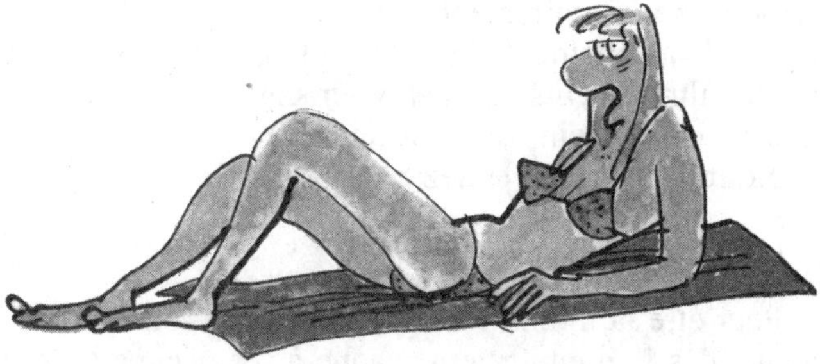

• **L'option maison de famille**

Montagne, campagne, étranger, tout cela vous fait sourire, car vous pensez détenir la solution idéale : la maison de famille. Si, si, le petit coin bien à soi, douillet, où rien de fâcheux ne peut arriver... Illusion ! Hallucination ! Ressaisissez-vous, ami TJP ! Dans « maison de famille », il y a « maison » et nous l'avons démontré, « maison » et « ado » sont incompatibles. Il y a aussi « famille », et là, très sincèrement, ce n'est pas gagné non plus... La plupart du temps, la vénérable bicoque est en indivision ; or, n'en déplaise aux notaires – que nous embrassons au passage avec enthousiasme – l'indivision est source de division. Après quelques jours de cohabitation, c'est fatal, les adultes finissent par s'engueuler, frères contre sœurs, ex-beaux-frères contre seconde épouse, arrière-grand-oncle contre cousin à la mode de Bretagne... On se saisit au col, on s'empoigne, les vieux reproches ressurgissent, on se lance à la tête ce qu'on a sur le cœur : « Pourquoi c'est toujours moi qui fais les courses ? Pourquoi maman te préfère à moi ? Pourquoi tu débarrasses jamais la table ? Pourquoi tu m'as piqué ma petite robe verte ? » Faut-il que votre ado assiste à ces déchirements intimes, monsieur ? Lui qui passe déjà tellement de temps plongé dans ses jeux vidéo ultraviolents, faut-il vraiment lui en remettre une louche ? Hein, dites, le faut-il ?

Notre opinion : vendez votre part.

• **Le club de vacances**

Peut-être la moins pire des mauvaises solutions. Le jeune, dès le premier jour, vaque à ses occupations et vous aux vôtres. Vous ne le voyez pas. Jamais. S'il dort comme une andouille dans sa paillote au lieu de profiter de toutes les merveilleuses activités offertes par le club (ski nautique, plongée, yoga, pique-nique en mer, atelier peinture sur soie, baisodrome), tant pis pour lui, vous n'en saurez rien, vous resterez zen. Évidemment, quand on y réfléchit, ça fait quand même cher pour passer son temps à dormir. C'est vrai ça, vu le prix exorbitant de la semaine, il pourrait faire un effort ! Attention, monsieur, vous êtes en train de vous énerver, vous allez gâcher tous les bienfaits du séjour !

Il ne manquerait plus que votre fille s'amourache d'un GO pour que ce soit complet !

**Merci, madame**

Il arrive que des mères admirables – et qu'il nous soit permis de leur rendre ici un vibrant hommage – se dévouent pour partir seules en vacances avec leur ado, dans un sublime élan de sacrifice et de générosité... Votre compagne, monsieur, appartient-elle à cette élite triée sur le volet ? Est-elle une de ces femmes d'exception qui nous font voir en l'humanité autre chose qu'un troupeau de hyènes baveuses ? Aura-t-elle l'idée, en lisant ces lignes, d'emmener Jean-Jérôme et Lucie à La Baule par elle-même, comme une grande, sans vous pomper l'air avec toutes ces histoires qui vous saoulent un max ? Nous vous le souhaitons de tout cœur, vieux. Et vous, madame, d'avance merci. Ce que vous faites est extraordinaire.

## IDÉE DE VACANCES N° 3 :

### Vous expédiez votre ado ailleurs (le plus loin possible)

Bien vu ! Enfin, la décision virile qui s'imposait ! Certes, ce n'est pas gratuit, cela va même vous coûter un bras, monsieur, ou un œil, ou la peau des fesses comme on disait autrefois, du temps où l'on cultivait encore une certaine élégance de langage, mais en échange le bénéfice est considérable. L'ado va dégager pendant toute une semaine, peut-être quinze jours ou plus. Ça vous fera des vacances, à vous aussi. Et vous y avez droit, vieux, vous y avez foutrement droit !

• **L'ado part chez un de ses camarades,** dont les parents ont été assez déments pour l'inviter. Ha, ha ! Tant pis pour eux ! Chacun ses problèmes ! Si ça tourne mal, ils l'auront bien cherché, ces cons !

• **Vous l'envoyez en colonie de vacances.** S'il a plus de quatorze ans, le freluquet refusera de partir. N'insistez pas. Car de même qu'on ne trouve aucun aspect positif à la colonisation, on ne voit pas ce qu'il y a de valable dans la colonie. Sous la conduite de moniteurs babas-cool, le jeune va acquérir des réflexes de bande et approfondir sa connaissance du haschich. Il sera intenable au retour. Il invitera ses monos à la maison. Vous devrez appeler la police. Ou alors il voudra devenir lui-même mono et il passera le BAFA au lieu de réviser son français pour le bac. Génial ! Il paraît que BAFA signifie Brevet d'aptitude aux fonctions d'animateur… Dites, entre nous, ce ne serait pas plutôt Brevet d'aptitude à faire l'andouille ? Hi, hi, hi ! Oui, c'est une excellente blague, amis parents, faites-en usage autant qu'il le faudra.

• **Le camp scout.** On emmènera votre ado faire du canoë en haute mer sans gilet de sauvetage et marcher pendant des heures sous le cagnard en chantant des trucs niais et répétitifs… S'il échappe à la noyade ou à l'insolation, on l'appellera « Caribou rieur », on lui apprendra à faire un feu de camp, à monter une tente, à pêcher un saumon, à se nourrir de mulots et d'écorces, à se repérer s'il est perdu dans une forêt (on vous donne le truc : c'est grâce à la mousse des arbres qui indique toujours l'est, à moins que ce ne soit le sud)… Toutes choses parfaitement inutiles de nos jours. Équipé d'un GPS et de son téléphone portable, Caribou rieur n'a aucune raison de se perdre. On voit mal en outre ce qu'il irait faire dans une forêt. Et pour ce qui est du saumon, on en trouve dans tous les restaurants japonais. Alors, aucun sushi ! (Ha, ha ! oui, encore une excellente blague.) Non, la seule chose qu'il risque de retenir, c'est de chanter des trucs niais – vous imaginez s'il se présentait à la *Nouvelle Star* ? – ou de faire un feu de camp chez vous, dans le salon. Ah, merci bien, les scouts ! Vous n'avez rien de moins crétin à leur apprendre, à nos jeunes ?

Qu'il nous soit permis d'ajouter qu'à la mousse des arbres, l'ado préférera toujours la mousse au chocolat de sa maman.

**Une précision utile**

**Même si on aime la cuisine grecque, il vaut mieux se taper une petite mousse à quatre qu'une grosse moussaka tout seul.**

• **Les enfants de troupe.** Malheureusement, sachez-le, les enfants de troupe n'existent plus. Cette formidable institution a été supprimée… Reste l'armée, bien sûr, qui continue d'offrir à prix cassés d'animées villégiatures en Tchernie-Bozégravine, mais depuis le lâche abandon du service militaire, vous ne pouvez pas y inscrire votre jeune sans son consentement. Ah, bon Dieu, on n'en finit plus de battre en brèche l'autorité parentale !

• **L'initiative personnelle.** Votre ado a décidé de partir au bout du monde. Avec qui ? Comment ? Une seule certitude, ce sera avec votre argent. Le cher cœur tendre veut faire de l'humanitaire là-bas, très loin. Votre réaction ? Qu'il commence par se montrer humain avec ses parents, ce sera déjà ça ! Oui, vous avez raison, nous comprenons. C'est vrai. Mais réfléchissez, l'affaire a malgré tout ses bons côtés. Livré à lui-même, le dadais devra apprendre à se débrouiller, il reviendra peut-être un peu plus adulte, peut-être même, à l'avenir, aidera-t-il à desservir la table. Naturellement, savoir votre fille ou votre fils à des milliers de kilomètres n'a rien de rassurant, surtout parmi des populations promptes à jouer de la machette... Mais c'est là qu'éclate toute la noblesse, toute l'abnégation du rôle de parent : il faut faire confiance à la génération montante. On détournera toutefois le jeune voyageur de projets tels que :

— Se rendre en autostop jusqu'à Skrozbje (le pays du béton et du fer).
— Partir (en Ford Fiesta) à la rencontre des derniers Indiens Camacos d'Amazonie.
— Ouvrir un dispensaire pour lépreux au Mangoustan.
— Nager avec les requins en mer des Terreurs.
— Dévaler les pentes du Kilimandjaro en skateboard.
— Concourir (catégorie Gross Wurst) au festival de la saucisse de Stuttgart.

• **Le séjour linguistique à l'étranger,** le choix traditionnel des familles. Une seule chose à savoir : si vous voulez que votre ado progresse en anglais, envoyez-le en Allemagne. Ou n'importe où ailleurs, pourvu qu'il n'y ait pas de Français. S'il souhaite communiquer avec les étudiants lettons, moldaves ou lusitano-ouzbèkhes projetés là dans le cadre des échanges Erasmus, le nigaud n'aura qu'une solution : *to speak british* (« parler breton »). Et puisqu'on en parle, rappelons, mesdemoiselles et jeunes gens, qu'Erasmus ne veut pas dire Orgasmus.

Une recommandation à faire au jeune avant de le pousser dans l'avion ? Oui. Qu'il se tienne à carreau. À l'arrivée aux États-Unis, par exemple, si un fonctionnaire de l'immigration ou des douanes lui demande : « Transportez-vous une bombe dans votre valise ? », la réponse correcte est : « Non, monsieur » *(No, sir)*. On ne blague pas, on ne dit pas, pour faire rire les potes : « Ouais, je trimbale une bombe atomique, mec, et j'ai aussi des bazookas plein ma valoche ! » *(Yep, I carry an atomic bomb, man, and I have also rockets launchers full my suitcase !)*... Toute fine facétie de ce genre se soldera par un séjour à Guantanamo. Mais il est vrai – c'est à prendre en compte – que Guantanamo est l'endroit idéal pour faire des progrès en arabe.

Le jeune doit aussi savoir que l'étranger, même s'il ne parle pas notre langue, peut comprendre certains gestes – surtout si le type appartient aux forces de l'ordre. Ainsi, le doigt levé, le bras d'honneur et autres mimiques bien françaises sont parfaitement comprises jusqu'aux confins du désert de Gobi. Et passibles de poursuites pénales. Incroyable !

Un vieux sage plein de bon sens – et chaque jour Antilogus et Festjens se rapprochent de ce niveau admirable – ne manquerait pas de souligner qu'en matière de voyages, il n'existe pas de mauvaises destinations, seulement des mauvais comportements. Certainement, pépé. Même dans le plus oriental sultanat, pour peu qu'elle se conduise avec réserve et discrétion, il n'y a aucune raison que votre fille soit vendue contre son poids en loukoums. Cependant, signalons qu'outre le douanier US, il y a sur la planète quelques individus avec lesquels il vaut mieux ne pas plaisanter :

— Le mollah Omar.
— Le hooligan de Manchester.
— Le narcotrafiquant colombien.
— Le gardien de la révolution iranien.
— L'agent du Mossad.
— Le pirate somalien.
— Le prédicateur fou du Ku Klux Klan.

Il ne reste plus qu'à souhaiter de bonnes vacances à votre adolescent, ami père de famille. Ne vous inquiétez pas, vous aurez de ses nouvelles. Il vous enverra un mail ou un texto dès qu'il aura besoin d'une petite rallonge en euros. Ou qu'il aura été arrêté par la police. À ce sujet, la phrase à lui apprendre absolument avant son départ : *This joint doesn't belong to me, mister policeman.*

Profitez bien de son absence. Ça ne va pas durer. Car, tel le boomerang, la feuille d'impôt ou les unes sur les prix de l'immobilier dans la presse magazine, l'ado revient toujours. Mais nous sommes là, tout va bien. *No panic, man* (« Pas de panique, mec »).

## SUR LES PAS DE RONSARD, BAUDELAIRE ET TOUTE LA FINE ÉQUIPE...

**Le grain de sel de Lionel Choupard, président de l'Apap**

Rompant avec le ton peut-être un peu académique et savant de mes interventions, j'aimerais à présent vous livrer un petit poème de ma composition qui, rassurez-vous, ne nous éloignera guère du sujet de ce livre. Ce sera en quelque sorte, si vous le voulez bien, comme une récréation, comme un souffle léger venant apaiser le dru déferlement de l'érudition pure. Le titre du poème est :

*Les ados, on en a plein le dos*

*Y a-t-il un pays sans ados ?*
*Ce serait un Eldorado,*
*Car l'ado, c'est pas un cadeau.*
*Ce serait plutôt un crado.*
*Déjà, petit dans son landau,*
*Il ne voulait pas faire dodo.*
*Il fallait jouer au mikado,*
*Au Cluedo... Maudit pintadeau !*

*Il n'a jamais un escudo,*
*Il s'habille plus mal qu'un clodo,*

*Il veut jouer les desperados,*
*mais il nous pique nos tournedos !*
*Va-t'en au diable, Quasimodo !*
*Vite, un verre de bordeaux...*

*Jamais partant pour une rando,*
*Il vit sa vie comme un badaud.*
*Il se noie dans un verre d'eau,*
*Il ne lit pas les hebdos,*
*Il ne travaille pas ses abdos,*
*Bon sang, ce type est un fardeau,*
*Qu'on lui fasse une prise de judo !*

*L'éveil de sa libido*
*Nous fait grimper aux rideaux.*
*Elle se prend pour Brigitte Bardot,*
*Et lui pour Marlon Brando,*
*Alors qu'ils ont grosso modo*
*le sex-appeal d'un fricandeau,*
*l'haleine d'un dragon de Komodo.*
*Ah, qu'on les foute sur un radeau,*
*Pour les virer au Colorado !*

## La réaction charmée d'Antilogus et Festjens

Bravo, Choupard, c'était délicieux ! Ainsi, vous taquinez la muse à vos moments perdus... Nous aurions dû nous en douter, vous êtes au fond un grand sensible. Mais n'oubliez pas, c'est avant tout pour votre immense savoir et vos avis éclairés que nous vous apprécions – et pour cela uniquement que vous percevez de solides émoluments. Fin de la récréation, Lionel !

Quatrième partie

# LUEUR D'ESPOIR AU BOUT DU TUNNEL

*Ainsi que nous le faisions remarquer avec pertinence au début de cet excellent ouvrage*[1]*, il n'y a plus d'âge fixe pour devenir adulte. Ce n'est pas parce qu'un ado atteint dix-huit ans qu'il quitte le cocon familial. Il y a des grands ados de trente-cinq ans qui vivent encore chez papa-maman et qui ne rangent toujours pas leur chambre. Atroce.*

*Faut-il pour autant désespérer ? L'adolescence est-elle une plaie qui ne se referme jamais, au flanc du père crucifié qui, malgré la douleur, affiche un sourire crispé ?*

*Pas du tout. Les choses avancent. Le refuge d'altitude est en vue. L'igloo salvateur se profile sur la banquise, et comme l'écrivit Paul-Émile Victor : « Igloo ! Igloo ! Igloo ! Il est des nô-ôtres ! »*

*Tel qui était autrefois blouson noir préside à l'heure actuelle aux destinées d'une ONG humanitaire. Tel autre, en son jeune temps yéyé à pattes d'éph', est à présent agent d'assurances. Cet ancien garde rouge dirige une firme d'agro-alimentaire dans le Sechouan*

1. Merci. C'est gentil.

*– sa tripe de porc à tartiner l'a rendu milliardaire. Cette ex-pom-pom girl est secrétaire d'État aux anciens combattants ! C'est bien la preuve que les pires ados finissent par s'en tirer, et même qu'ils peuvent faire leur bonhomme de chemin dans la vie. Mais alors, direz-vous, QUAND ? Quand tout cela va-t-il cesser, quand vont-ils arrêter de nous pomper l'air et quand vont-ils nous foutre la paix une bonne fois ?*

*Ah, mon pauvre vieux, vous venez de mettre le doigt sur un problème épouvantable. Car, pour atteindre l'âge adulte, votre rejeton devra franchir trois étapes particulièrement tsoin-tsoin...*

## Chapitre 15

# L'ADO AMOUREUX, UN CLASSIQUE DU BURLESQUE !

Coup de chance ! Inespéré coup de bol ! Imaginez qu'une fanfare triomphale résonne dans votre vie jusqu'ici ponctuée de grommellements sourds et d'éclats de voix furibards. Imaginez qu'un feu de Bengale illumine la nuit, comme un frisson d'espoir qui viendrait secouer le vieux bœuf arrimé à son joug. Imaginez qu'une eau fraîche jaillisse de la source qu'on croyait à jamais tarie, pareil à l'air de flûte qui s'élève, vibrant d'espoir, dans un concert de klaxons... Eh bien, c'est ce qui est en train de se produire, vieux ! C'est en marche, restez à l'écoute ! Une communication importante sera diffusée d'un instant à l'autre.

Votre ado a rencontré quelqu'un. Il « fréquente », comme on disait autrefois dans les classes populaires. Et nous saluons avec émotion nos lecteurs issus des classes populaires. Antilogus et Festjens, sachez-le, viennent eux-mêmes de milieux extrêmement modestes. Le premier descend d'une lignée d'artistes de cirque nécessiteux, les Zampanos, lanceurs de couteaux à la sauvette ; le second est l'héritier d'une dynastie de gonfleurs d'andouilles à la main, métier éreintant et mal considéré. Bref, deux authentiques fils du peuple qui auraient eu leur place au Kremlin auprès de Lénine et de Kropotchek (ou un nom dans ce genre-là). Ne l'oubliez pas lors de votre prochain mouvement social, camarades grévistes ! Quand vous bloquerez les gares, les métros, les avions, accordez un laissez-passer à Antilogus et Festjens. Ces deux types doivent pouvoir circuler librement. C'est l'intérêt de la révolution. Merci.

Mais nous parlions de tout autre chose, et c'était pour vous dire ceci : votre ado est en train de s'arracher à l'orbite familiale. Tel le neutron saisi dans un champ électromagnétique, il s'apprête à s'agglutiner au proton pour former avec lui l'atome primordial, et peut-être même l'atome de Savoie si vous êtes de Chambéry, ha, ha, ha ! Mesdames et messieurs, veuillez nous excuser pour ce mauvais calembour, mais mieux vaut un mauvais calembour qu'un mauvais calendos, ha, ha ! Mais oui, nous sommes d'humeur farce, trop heureux pour ne pas plaisanter finement à notre manière. Quoi ? Devrions-nous rester pensifs dans nos fauteuils Chesterfield, la tête en biais et l'air constipé ? C'est un jour d'allégresse, c'est une grande nouvelle que nous venons vous annoncer, et qui se répercutera de vallon en vallon, semblable au grondement joyeux de l'artillerie de campagne : votre adolescent est amoureux ! À dater d'aujourd'hui, il va peser de tout son poids sur quelqu'un d'autre que vous. Merci, mille fois merci, ô nature généreuse ! Même le plus effroyable benêt, même la plus empotée bécasse finit par succomber aux feux de l'amour. Et c'est pour le Toujours Jeune Père crucifié, piétiné, enfoncé par la botte cruelle d'un sort abject dans son ornière boueuse, le début de la délivrance.

Oui, votre ado aime. Et le plus extravagant, c'est qu'il est aimé en retour. Vous rendez-vous compte, messieurs, de la portée de ces mots ? Quelqu'un d'autre que vous aime votre ado ! Quelqu'un d'autre va le porter à bout de bras, subir sa lancinante présence, s'occuper de lui à votre place... Qui aurait imaginé pareil dénouement à la tragédie paternelle qui se joue depuis 15 milliards d'années sous les feux cosmiques de l'après-big bang ?

### Les signes qui ne trompent pas

Vous ne réussissez pas encore à y croire. C'est normal. Pourtant, réfléchissez, n'avez-vous pas noté ces derniers temps des attitudes étonnantes de la part de votre dadais, des comportements nouveaux chez votre fifille ? Bon sang mais c'est bien sûr, il suffisait d'y penser !

• **Moins de cris à la maison.** Soit dit sans vous vexer, votre enfant n'est pas du genre doux rêveur. Contemplatif, admettons. Mollasson, d'accord. Feignasse, c'est exact... Mais doux rêveur, non. Pas le mot qui convient. Or, le voici tout chose... Distrait. Plus aimable. Presque gentil. Peut-être même consentira-t-il à baisser un peu le volume de son atroce musique. Évidemment, si vous lui dites de ranger sa chambre, il ne le fera pas – n'exagérons rien –, mais il ne vous enverra pas sur les roses avec sa véhémence habituelle. En temps normal, il vous aurait crié :

— Putain, jusqu'à quand vous allez me saouler avec ma chambre ? Y a que ça dans la vie, pour vous ?

Cette fois, il se contentera de hocher sa bonne tête empreinte d'un regard de phoque éperdu, comme si tout cela vous dépassait, comme si en quelque sorte nous nous trouvions dans la main d'Allah, promis les uns et les autres à quelque imprévisible destinée. La jeune pousse a perdu de sa virulence, elle n'est plus qu'une copie atténuée d'elle-même. Profitez-en ! Demandez-lui de mettre la table, de descendre la poubelle, de téléphoner à sa tante Nicole pour la remercier du chèque de Noël, de ranger les assiettes sales du dîner dans le lave-vaisselle... Sur un coup de fatigue, ça peut marcher.

• **Davantage d'hygiène.** Reconnaissons qu'au cours des dernières années, on sentait comme une incompatibilité entre l'eau et l'ado. La juvénile créature se tenait à distance du savon et du shampooing, comme si ces substances moussantes éveillaient en elle on ne sait quelle terreur superstitieuse... Tout cela va changer. Du reste, si vous avez la chance d'avoir une fille, vous avez pu constater que le bouleversement était à l'œuvre depuis déjà un certain temps. La jeune fille, c'est tout à son honneur, est plus précocement propre que l'ado mâle. C'est dans sa nature. Une récente étude de l'Apap a d'ailleurs montré qu'au fil de son existence, elle passait un temps sans cesse croissant dans sa salle de bains – 10 minutes de plus chaque année, en moyenne corrigée des variations saisonnières.

Voilà qu'à présent votre garçon s'y met. Incroyable, il se lave les dents ! Il s'enferme dans la vieille salle d'eau pour d'interminables face-à-face avec le miroir. Il tente de gommer ses boutons, d'éradiquer ses points noirs – prévoyez une envolée du budget Eau précieuse –, de se faire un sourire étincelant. C'est insensé. Jamais le jeune macaque n'avait pris si grand soin de sa personne ! Est-il malade ou quoi ? Mais non, pas d'inquiétude, ami, inutile d'appeler le médecin, ni le serrurier pour qu'il enfonce la porte. Personne n'est jamais mort d'un excès de dentifrice. Sauf peut-être en glissant sur le tube oublié dans le bac à douche et en allant taper du crâne contre le rebord meurtrier d'un lavabo en pierre massive… Mais enfin, ce genre d'accident reste rare.

• **Des tentatives de coiffure.** Jusqu'à une date récente, la partie supérieure de l'ado présentait l'aspect d'une sphère vaguement ovoïde surmontée de touffes, d'épis et de mèches graisseuses. C'est terminé. Les filles, toujours en avance, savent depuis un moment donner à leur chevelure des mouvements séduisants, mignonne queue-de-cheval, petit chignon, crinière à la lionne… C'est maintenant au garçon d'entrer en piste, et disons-le tout net, on s'achemine vers le tartignolle. Le biquet va faire un usage immodéré du gel pour se tailler la tête en pointe, avec des piques, des crêtes, des dreads, des trucs… C'est moche. Ça lui donne un air débile. Oui, monsieur, vous avez raison. Nous comprenons parfaitement, mais que voulez-vous, c'est la mode, l'air du temps. Ne soyez pas vieux jeu ! Vous n'allez quand même pas demander à votre fils de se coiffer à la Beatles comme vous le faisiez à son âge. Parce qu'on ne vous l'a jamais dit, mais vous aussi, à l'époque, vous aviez l'air d'un débile ! Soit dit sans vous offenser.

Un malheur n'arrivant jamais seul, le garçon, en plus, a des cheveux qui lui poussent sur le menton. On hésite à appeler ça une barbe. En tout cas, c'est laid : offrez-lui son premier rasoir, c'est un geste qui vous incombe, ami père de famille. Mais choisissez un modèle électrique ! Le bon vieux coupe-chou de grand-père, à longue lame dépliante, ne saurait convenir à l'adolescent qui, rappelons-le, est d'une maladresse notoire. À moins bien sûr qu'il appartienne à

une vieille famille de la mafia où l'on enseigne dès le plus jeune âge l'art du coup de lame à la gorge. Auquel cas nous vous présentons nos respectueux hommages, Don Luigi.

• **Des efforts pour maigrir.** Renonçant à son régime traditionnel (ketchup, sucre et pâtes), le jeune manifeste l'intention de faire du sport, du vrai sport, pas seulement regarder le foot à la télé. Il se dit prêt à manger des légumes. Des vrais légumes avec du vert, pas des frites. Et même de la salade. Même les garçons ! Bon sang, on sent bien qu'il se passe un truc de ouf. On a basculé dans la quatrième dimension, on nage dans le fantastique… Faut vous faire un dessin ou quoi ? Si mademoiselle cherche à perdre du poids, si l'olibrius entend présenter un physique un tant soit peu correct, c'est bien la preuve qu'ils veulent plaire. Et à qui, selon vous ? À papa et maman ? Ha, ha ! vous nous faites marrer, tiens…

**Attention, important,**
**le conseil d'onc' Festjens et Antilogus**

N'essayez pas, monsieur, de vous ériger en coach sportif de votre ado. Avec votre expérience et vos talents de meneur d'hommes, cela vous serait facile, vous pourriez encadrer n'importe quel groupe de haut niveau. Il n'empêche, avec votre adolescent, restez en retrait, il prendrait mal vos directives éclairées. On irait au conflit. Contentez-vous, sagement, modestement – la paternité est un sacerdoce – de lui préparer des endives. Et si vous ne savez pas le faire, demandez à madame de s'en charger. Il serait peut-être temps qu'elle prenne sa part du boulot, non ?

• **Un renouveau vestimentaire.** La fille aura tendance à mettre en avant les atouts que la nature lui a libéralement octroyés, mais n'insistons pas, on a déjà lu trop de bouquins sur ces lolitas qui découvrent l'irrésistible pouvoir de leurs appas sur le mâle, haletant pantin de chair captif de ses hormones… Jupe au ras des fesses et décolleté pigeonnant sont au programme, ami ! Quand vous verrez votre fille prête à sortir comme ça, vous lui direz :

— Tu ne comptes quand même pas sortir comme ça ?

Eh bien si, précisément, c'est ce qu'elle compte faire. Autant que vous le sachiez.

Le garçon, lui – comment ne pas lui en être reconnaissant ? –, ne va pas exhiber les attributs de sa virilité. Merci, garçon ! Il va plutôt poser à la maturité, à l'homme de goût, chercher à faire plus vieux que son âge. Car il a compris, mû par un obscur instinct venu des temps immémoriaux, que la femme cherche avant tout la sécurité, or qui peut la lui apporter mieux qu'un ensorcelant type aux airs de businessman ? Oubliés le froc informe, les baskets pourries, le T-shirt froissé passé sur un treillis dégueu : l'acnéique va maintenant porter vos chemises – qu'il vous rendra tachées – et vos vestes, déchirées. Peut-être même fumera-t-il votre pipe… Vous allez rire ! Mais attention, ne vous moquez pas ouvertement de son look engoncé, l'ado est susceptible, il se cabre et mord comme le mustang. Souriez *in petto* des efforts du cocasse, savourez en silence… D'ailleurs vous sourirez moins quand il aura dévasté votre chemise préférée, celle avec les têtes de Bambi ! Ah, comme c'est dur d'être un TJP !

Résumons-nous : le fiston veut des courgettes ? Il est amoureux. La fille se fait épiler ? Amoureuse. Il planque du déo dans sa chambre ? Amoureux. Elle met une jupe ? Amoureuse. Il se lave les dents ? Amoureux. Elle pique les bijoux de sa mère ? Amoureuse. La facture du téléphone portable explose ? Amoureux, amoureux, amoureux, vous dis-je !

## La vérification suprême

Vous doutez encore ? Eh bien c'est le moment d'en avoir le cœur net. Une action commando s'impose. Vous allez enquêter, à son insu, dans la vie privée de votre ado. Aussi sec. Et nous implorons nos lecteurs les plus scrupuleux de ne pas s'offusquer, de ne pas soulever la sempiternelle objection morale : « Non, pas question, on ne peut pas faire ça, nous ne sommes pas de vils fouineurs doublés d'infâmes voyeurs ! »

Philosophons un court instant. A-t-on moralement le droit d'espionner son adolescent ? La question est absurde. C'est exactement comme se demander si on a le droit de courir quand on est poursuivi par un tigre au mufle souillé d'écume sanglante… Allons, ne soyez pas stupide, vieux : l'ado ne vous épargne pas ses coups, défendez-vous ! D'autant qu'aujourd'hui tout peut se faire dans la discrétion. Et avec élégance. Autrefois, c'est vrai, pour obtenir une bribe d'information minable, il fallait retourner à pleines mains la chambre du teen-ager, explorer les tiroirs, décacheter des enveloppes à la vapeur, éplucher le cahier de textes

– ah, le cahier de textes, cet accessoire grotesque et démodé ! Désormais, tout est simple et clair. Il suffit de jeter un coup d'œil dans l'ordinateur du jeune. Et c'est facile.

Si, c'est facile.

Nous n'ignorons pas qu'on présente souvent le TJP comme un effroyable vieux type infoutu d'utiliser les techniques modernes. C'est un scandale. Dans le cas d'Antilogus et Festjens, c'est même carrément risible ! L'un a failli obtenir son bac scientifique – il s'en est à peine fallu d'une quarantaine de points ! –, l'autre a décroché le titre envié de Mister Computer aux jeux de plage de La Baule en juillet 1992. C'est dire si les deux types sont armés pour vous piloter dans les fascinants méandres de l'informatique…

Qu'allez-vous trouver dans l'ordinateur de votre ado ? Toutes sortes d'indices indiscutables. Des photos le montrant auprès de l'être aimé, l'enlaçant, serré tout contre, l'air mielleux. Des messages explicites. Des poèmes peut-être, et vous découvrirez alors avec fierté que vous aviez un poète à la maison. Et vous ne vous en doutiez pas !

Afin de vous familiariser avec ce genre d'écrit, voici à titre d'exemple une poésie typique d'un garçon de quatorze-quinze ans qui nous a priés de préserver son anonymat (il ne tient pas à passer pour un bouffon dans son quartier). Attention, le texte doit être scandé sur un rythme de rap. Bougez sur vos hanches en déclamant, avancez une main, puis l'autre :

La société, elle me soûle,
Mais toi j'te trouve trop cool.
Tous les autres, ils me gavent,
Mais toi j'te kiffe trop grave.
Pour toi j'me couperais les tifs,
J'achèterais des préservatifs,
Et si tu veux bien être ma meuf,
Je défoncerai un car de keufs !

Bravo, d'accord, c'est formidable. Mais alors, direz-vous, comment avoir accès à toutes ces précieuses informations ? Justement, nous y arrivions, amis. Et c'est simple.

Si, c'est simple.

*Trois façons de faire*

• **Soyez son ami sur Facebook !** Demandez-lui s'il veut de vous comme « ami », il n'osera pas refuser pour ne pas vous faire de peine, l'andouille ! Et vous pourrez épier tout ce qu'il raconte à ses potes, et tout ce que ses potes lui racontent… Une mine de renseignements extraordinaire. Le bémol : à tout moment l'ado peut décider que vous n'êtes plus son ami et bloquer votre connexion. Et comme par hasard, c'est toujours au moment où ça devient passionnant que ça arrive. Vous êtes marron, vieux. Le freluquet vous a possédé !

• **Espionnez son blog !** En touriste, l'air de rien, allez faire un tour sur le site de votre fifille ou de votre benêt. Foutrement instructif ! Le blog est l'équivalent du journal intime à l'ancienne, sauf – c'est super-moderne ! – que tout le monde peut le lire. Alors, pourquoi pas vous, hein ? À retenir, vous apprendrez aussi des tas de trucs croustillants sur les blogs des copains... Le problème : ces sites ont des adresses qu'il faut connaître pour y accéder.

Et ce n'est pas évident. Comment deviner, par exemple, que le blog de votre chère petite Capucine, si douce et délicate, s'intitule www.grossecaméelacochonne.skyblog.com ?

• **Chattez *comme* un jeune !** Entrez en communication avec votre ado sur un forum de discussion, faites-vous passer pour quelqu'un de son âge et tirez-lui les vers du nez. Oui, c'est moche, c'est une honte. Mais quoi, vous êtes ses parents, vous avez le droit de savoir. Toutefois, faites hyper-gaffe, certaines tournures dans la conversation risquent de vous trahir. Évitez d'employer les mots et expressions comme « électrophone », « magnétoscope », « disquette », « c'est chouettos », « j'adore les films avec John Wayne » ou « range ta chambre »... Vous seriez instantanément grillé, vieux.

Si, pour une raison quelconque, vous ne réussissez pas à perquisitionner l'ordinateur de votre ado – il n'a pas d'ordinateur, le code est introuvable, vous êtes trop nul pour allumer la machine –, piquez-lui son téléphone portable et lisez ses textos. Et alors, on va se gêner ! Le petit souci quand même, serez-vous capable de déchiffrer ses messages ? Tenez, un test :

si vous lisez « JKK », vous comprenez quoi ? Rien ? Ah, vous faites trop pitié, merde !

« JKK », ça veut dire « Je kiffe Kevin », c'est quand même pas compliqué !

Notre conseil : si vous voulez des infos sur votre ado, questionnez ses copains. Au besoin, menacez-les, leurs parents paieraient cher pour savoir ce que vous avez découvert sur le blog www. défonceman-grosnaze.overblog.com. Le petit gars ne résistera pas bien longtemps. Une méthode sommaire, mais qui a fait ses preuves.

### QUE VA-T-IL SE PASSER MAINTENANT ?

Tout est possible, monsieur. L'amour est comme le jeune chien fou qui pousse la porte, et une fois la fichue porte poussée, on le sait, n'importe quoi peut arriver… Voici quelques situations usuelles que vous devrez affronter :

• **Vous surprenez la jeune créature lancée dans ses ébats sexuels au milieu du salon.**

C'était couru ! Madame et vous deviez passer le week-end à Chambournac, vous êtes rentrés plus tôt que prévu à l'improviste, et voilà le travail ! Évidemment, l'ado, avec ses finances dans le rouge, ne risque pas de se payer l'hôtel. Et quand il demande si sa petite copine peut venir dormir à la maison, la plupart des parents se drapent dans leur vertu outragée et refusent d'un air dédaigneux :

— Il n'en est pas question, Jean-Guillaume... Va plutôt dormir chez elle, si dans sa famille on accepte ça !

Une réaction excessivement conservatrice... La réponse correcte était :

— C'est d'accord, Jean-Guillaume, mais je te le demande instamment, ne faites pas ça dans le salon ! Dans ta chambre, mon garçon, tu m'entends ? Rien que dans ta chambre !

En attendant, jouez-la classieux. Faites comme si vous n'aviez rien vu, emmenez vite madame savourer une pizza au bout de la rue. Quand vous reviendrez, tout sera rentré dans l'ordre. Vérifiez quand même qu'aucune culotte n'est restée coincée sous les coussins du canapé.

**• Vous découvrez un inconnu hirsute et diabolique à la table du petit déjeuner.**

Pas de panique ! N'appelez pas la police ! C'est seulement le petit ami de votre fille qui a passé la nuit à la maison. Certes, il l'air d'un repris de justice drogué, mais regardez-le mâchouiller tranquillos sa tartine, l'œil bovin : il ne va pas se jeter sur vous pour vous étrangler. Enfin, pas dans la minute... Puisque vous ne pouvez pas le foutre dehors en hurlant – ce serait contraire à votre mythique réputation d'hospitalité –, essayez donc, même si c'est pénible, d'engager la conversation. Demandez-lui ce qu'il fait dans la vie. Et ce que font ses parents. Car même un gibier de potence drogué dans son genre a des parents !

**• Votre fille vous annonce qu'elle est enceinte.**

Pitié, vieux, ne nous jouez pas la grande scène du père offusqué, ne vous frappez pas la poitrine, ne vous arrachez pas les cheveux, ne vous jetez pas par la fenêtre ! Sauf, à la rigueur, si vous habitez au rez-de-chaussée, pour la beauté du geste. Qui sait, le père du bébé est peut-être un milliardaire balte prêt à vous signer un chèque considérable ? Ou peut-être aussi, hélas, le gibier de potence drogué du petit déjeuner... Ce serait moins bien. Mais efforcez-vous de relativiser les choses, ne vous laissez pas aller au cafard. Dites-vous que tous les gens, autour de vous, sont un jour sortis du ventre d'une femme enceinte. Ce qui fait tout de même un sérieux paquet de femmes enceintes, non ? Vous voyez bien que vous n'êtes pas seul dans votre cas, vieux ! Allez, un petit sourire, quoi ! Sacré papy !

Dites, vous permettez qu'on vous appelle papy ?

**• Votre fils vous avoue sur un ton complice qu'il a eu sa première relation sexuelle.**

Ne frappez pas dans vos mains, l'air réjoui ! Ne chantez pas *Laï-laï-laï* comme Enrico Macias, ne débouchez pas le champagne ! Vous êtes fier de lui, c'est normal, mais avouez qu'il a de qui tenir, pas vrai ? Ha, ha, ha ! Sacré papy !

**• Il vous demande sur un ton complice si vous n'auriez pas une capote à lui passer.**

Gaffe ! C'est piégeux au maximum ! Le genre d'embrouille qui se termine trop mal... Si vous répondez au gamin devant sa mère : « Un préservatif ? Ouais, regarde donc dans la poche de ma canadienne… »

Si vous répondez ça, mec, ce sera la guerre atomique ! Vous connaissez mieux que nous votre femme, son esprit fureteur, la façon qu'elle a de froncer le sourcil comme une hyène assoiffée de vengeance… Elle pourrait vous soupçonner d'infidélité. Mais oui ! Alors que pas du tout ! Les préservatifs, c'était juste comme ça, au cas où. Mais allez lui expliquer ça, à madame. On vous dit pas les emmerdements. Bordel, si votre fils vous demande une capote, dites-lui d'aller se l'acheter lui-même ! Et n'oubliez pas de lui filer un billet de 20.

**• Il vous apprend qu'il a attrapé une maladie vénérienne, sur un ton complice.**

Ne prenez pas ça à la blague, ami. Ne lui racontez pas vos propres exploits passés en pouffant, avec de gros éclats de rire et des détails crapoteux. Votre statut paternel n'en sortirait pas grandi. Comprenez-nous bien : les mots « chaude-pisse », « morpions », voire « sacrée chaudasse » ne devront en aucun cas être prononcés… Contentez-vous d'écouter votre dadais, hochez de temps en temps la tête pour montrer que vous ne dormez pas, montrez-lui une attention teintée de compréhension, et même d'un peu de compassion, puis envoyez-le chez le médecin de famille. Cette fois, ce sera deux billets de 20.

Le tout avec l'ado, vous l'aurez compris, est de trouver la bonne distance. Ni trop proche – vous n'êtes pas son copain –, ni trop distant, il ne vous confierait plus rien et ce pourrait être dramatique… Mais tout cela, ne l'oubliez pas, n'est plus qu'une question de semaines, puisque incessamment, survoltée par l'amour, la jeune chose volera de ses propres ailes. Et que vous aurez enfin la paix, nom de Dieu !

**FIN DE RIRE !**
**Le grain de sel de Lionel Choupard, président de l'Apap**

On nous dit que l'amour, l'éveil des sens et toute cette sorte de choses sont un moment merveilleux de la vie. Je n'en sais rien, je ne suis pas marié. Mais peu importe : ce moment de liesse supposée où votre ado amène pour la première fois une petite copine à la maison, tout comme celui où votre fille vous présente son amoureux en tortillant des chevilles peut être aussi un moment terrible.

Oui, parfaitement, terrible. Tenez, imaginez que votre fils vous ramène une fiancée en burqa. Comment allez-vous réagir ? Allons, pas de panique. Rien ne prouve qu'il s'agisse d'une fanatique : la burqa dissimule le plus souvent de terribles problèmes d'acné (dus au manque d'exposition au soleil). Ou alors une ceinture d'explosifs reliée à un détonateur hyper-sensible. Dans tous les cas, souriez ! N'oubliez pas, vous ne la voyez pas, mais elle vous voit. Si, elle vous voit, à travers la fine ouverture, là. Rien ne lui échappe. Et si elle est pas contente, boum !

## Antilogus et Festjens renoncent

Bon, alors là, mon vieux Choupard, il n'y a plus rien à dire. C'est la camisole, hein... C'est la maison de repos. Nous ne voyons que ça...

Mais, dites voir, n'avez-vous pas mentionné au début de votre « grain de sel » que vous n'étiez pas marié ? Attendez. Vous avez des enfants, au moins, Choupard ?

## Chapitre 16

# BELLE-FILLE, BEAU-FILS ET BELLE-FAMILLE SONT-ILS VRAIMENT BEAUX ?

Tôt ou tard, la période frénétique qui précède touche à sa fin. Le grand dadais trouve chaussure à son pied. Fifille déniche son prince charmant. Cette fois c'est sûr, c'est bon. Et d'ailleurs, ils vont vous les présenter.

Et là, disons-le tout de suite, on est parfois déçu. Oui, car une loi de la nature particulièrement farceuse pousse le Toujours Jeune Père, d'habitude résigné sur les qualités de ses rejetons, à considérer étrangement que ces derniers sont malgré tout nettement mieux que la moyenne. Voire, en toute objectivité, particulièrement beaux. Oui, vous avez bien lu : « beaux ». Même le père du grand machin boutonneux, même celui de la petite grosse à cheveux gras leur trouve un charme fou. Bon sang, mais ces types sont dingues ? Hélas, non ! Ils sont victimes de la loi de la nature. Du coup, si ça se trouve, nos propres enfants, pourtant objectivement ravissants, les vôtres peut-être même, ami lecteur, ne sont pas si beaux que ça aux yeux des autres. Insensé !

C'est là une seconde loi immuable de la nature farceuse :

Les ados des autres sont laids !

Alors, laissez-nous rire deux minutes. (Ha, ha, ha, ha, ha, ha, ha, ha, ha, ha, ha ! Voilà. Merci.) Oui, laissez-nous rire (hi, hi !), quand on nous parle de « beau-fils » ou de « belle-fille » ! On est parfois déçu, disions-nous ? Rectifions, on est souvent atterré. De prime abord, au premier instant de la première rencontre, le futur compagnon de votre fille chérie, la future moitié de votre fils adoré vous donneront probablement l'impression de choses ramassées par le chien. N'ayez crainte, à la longue, vous vous y ferez. Mais l'obscur sentiment d'avoir accordé la main de votre enfant chéri à un être indigne de tant de grâce restera longtemps tapi au fond de vous, tel le loir pelotonné au fond de son douillet terrier. Surtout, bizarrement, quand c'est de votre fille qu'il s'agit. Car, ainsi que nous allons le voir, les choses sont sensiblement différentes selon les cas.

## CAS DE FIGURE NUMÉRO 1 :
## VOTRE FILLE VOUS RAMÈNE UN FUTUR GENDRE.

Dans cette situation, la seconde loi naturelle (les ados des autres sont laids) s'applique à 95 %. Les 5 % restants sont constitués de filles très vilaines ramenant un prince charmant à la maison, comme dans *La Belle au bois dormant.* Ou *La Belle et la Bête*. Ou *Belle et Sébastien*. Enfin, un de ces épatants contes de fées. La plupart du temps, hélas, le machin dégoté par votre princesse ressemble davantage à un crapaud qu'à un prince charmant. D'ailleurs « gendre » vient du latin *gener*, qui veut dire « gêneur », et les vieux types s'y connaissaient en moments gênants. Voyons les prototypes de pièces rapportées les plus fréquents :

• **Le glando défoncé,** un grand mou à frange qui sourit bêtement (trop de beu), tandis que vous cherchez désespérément un sujet de conversation et que votre femme terrifiée se demande à quel moment il va renverser son verre sur le canapé.

• **Le gothique sataniste,** variété obscure du précédent ; il n'a pas de frange, mais des cheveux hérissés en piquants, révélant un front pâle et acnéique surplombant des yeux de fouine psychopathe soulignés de khôl. Votre femme a fui dans la cuisine sous prétexte de ramener des petits fours. Vous essayez de tenir jusqu'à l'arrivée de la police.

• **L'intégriste,** grand maigre barbu, les yeux illuminés et le crâne rasé, il a rencontré Dieu avant votre fille. C'est dommage, le contraire aurait été plus cool. Quel dieu ? Peu importe, cathos, juifs, musulmans, amish ou adeptes du Grand Babu, les types sont de fichus pénibles. Dans la cuisine où vous vous êtes tous les deux réfugiés pour boire un coup en cachette (votre fille vous a prévenus, il ne boit jamais d'alcool), vous vous dites que les années à venir ne vont pas être simples…

• **Monsieur Je-sais-tout :** le type est ingénieur en informatique ou – pire – médecin. Ou encore pire, psychologue. Le zigue vous appelle par votre prénom et entreprend de vous expliquer pourquoi votre boulot va disparaître dans les deux ans. Quand madame revient avec les petits fours, il démarre sur les méfaits du cholestérol. N'essayez pas de parler politique, cinéma, mode, physique quantique ou foot : Monsieur Je-sais-tout va vous tourner en ridicule. Le type va finir par la fenêtre.

• **L'atroce pénible :** pire encore que Monsieur Je-sais-tout, le type fait la gueule. S'agit-il d'un grand timide au cœur d'or, ainsi que fifille essaie de vous le faire croire ? Vous en doutez. Et vous avez raison, vieux gars, puisque le zigue est juste un atroce pénible. Il va falloir l'abattre. C'est moche.

• **Le vieux,** il est très sympa, habillé avec élégance, bonne situation, du charme, mais voilà : il a votre âge. Et il est marié. C'est con.

• **Le fayot :** le gars essaie de bien faire, ce qui part d'un bon sentiment, mais il vous exaspère. Il est propre-sur-lui. Il a apporté des fleurs. Il se lève pour aider. Il s'intéresse à ce que vous dites. Il rit à vos plaisanteries. Un vrai nul ! Bon, d'un autre côté, vous allez pouvoir le transformer en gendre-à-tout-faire, c'est-à-dire un peu comme votre fils, mais à l'envers : il ne dira jamais non. Vous avez besoin d'un coup de main pour monter un bahut, déménager la grange ou repeindre le salon ? Le gendre-à-tout-faire déboulera ventre à terre, si ça se trouve avec des croissants. Et gratos, en plus ! Génial ! Bien joué, fifille !

**Petite précision hyper-importante !**

Une erreur de débutant consisterait à croire que vous avez votre mot à dire à propos du machin ramené par votre fille. Ha, ha ! Comme c'est bête ! Des lectures de jeunesse (comtesse de Ségur, Daphné du Maurier) pourraient même vous faire croire que le jeune postulant est venu faire sa demande en mariage dans les règles et qu'il vous appartient, à un moment ou à un autre, de l'entraîner au fumoir pour une « petite conversation entre hommes » au sujet de ses intentions.

Oubliez tout de suite !

Déjà, vous n'avez pas de fumoir. Et d'une. Vous auriez l'air fin à l'entraîner pour une conversation dans le placard à balais. Il va croire que vous lui demandez de faire le ménage ! Et de deux, le choix est déjà fait. Votre fille va épouser cet individu. Tout ce qu'on vous demande, c'est de sourire avec bonhomie, de vous souvenir du prénom du type (généralement, c'est Thomas) et de ne pas vous cacher sous la table en couinant dès qu'il ouvre la bouche.

### CAS DE FIGURE NUMÉRO 2 : VOTRE FILS VOUS RAMÈNE UNE FUTURE BRU.

La loi de la nature est plus divisée sur ce point. Certains estiment qu'il faut vraiment que la future bru soit un effroyable tromblon pour que le Toujours Jeune Père ne la trouve pas charmante. Et cela pour trois bonnes raisons.

1. Le TJP, en qui sommeille un Toujours Jeune Séducteur, est naturellement bien disposé envers toute personne de sexe raisonnablement féminin. Ce qui est valable pour la shampouineuse, la caissière du Super U ou la petite de la compta (celle avec les seins) est également vrai pour sa future bru, toujours plus jolie à regarder que le gothique sataniste drogué ramené par sa fille.

2. Le vieux gars est partagé entre la fierté légitime de voir son fils (un autre lui-même, en moins achevé) réussir à se faire aimer d'une jeune femme charmante, et un vague sentiment de culpabilité à l'idée de tout ce que la pauvre petite va découvrir au fil du temps au sujet du fiston. Faut-il lui dire tout de suite qu'il ne rangera pas sa chambre ? Non. Bien sûr que non. Elle pourrait se tirer en courant, et tout serait à refaire. Alors le TJP, tel le rusé renard, reste coi. Mais il éprouve de la sympathie pour la malheureuse.

3. Selon une autre loi immuable de la nature, la chère jeune fille entraînera votre rejeton dans sa famille à elle. Oui, c'est ainsi : les garçons sont aspirés par

leur belle-famille. Trop cool ! Il faut donc accorder activement votre soutien à la chère petite. Et quand nous disons « soutien », il ne s'agit pas de lui soutenir les roploplos à tout moment comme une sorte de Wonderbra humain, sacré séducteur ! Ça pourrait gêner tout le monde. Non, il faut l'aider à obtenir ce qu'elle veut : votre fils. Elle est dingue !

Et, pour cela, maîtriser votre femme.

Oui, car les mères ont vis-à-vis de leur future bru un regard plus critique. Il s'en trouvera même, emportées par une tendance au dénigrement typiquement féminine, pour considérer que la chic fille n'est pas digne de son bichounet d'amour. Ridicule. Est-ce que nous irions, nous, porter un jugement hâtif sur nos futurs gendres ? Allons !

Il faut malgré tout admettre que les belles-filles potentielles ne forment pas un chic troupeau compact de radieuses beautés identiques et interchangeables. Ne nous voilons pas la face, votre future bru peut être une gothique sataniste. Ou une glandotte défoncée. Ou une Madame Je-sais-tout qui, en plus, aura un avis sur la succulente blanquette de votre épouse (miam !). Croyez que nous sommes de tout cœur avec vous, car l'avenir, en pareil cas, s'annonce chargé de sombres nuages. Comme le dit le vieux proverbe, « quand belle-mère et bru se crêpent le chignon, rien ne va plus à la maison. »

À la liste des pièces rapportées énoncée précédemment, nous ajouterons deux prototypes féminins, dont l'irruption soudaine au bras de votre fils pourrait être considérée comme une cause d'accablement passager.

• **L'expansive extravertie :** à peine a-t-elle franchi le pas de la porte qu'elle vous claque deux bises, vous appelle par votre prénom et rit très fort (comme une fayotte, mais encore plus fort) à tout propos. L'été, elle se fait bronzer topless sur la terrasse. Le matin, elle déboule en string et T-shirt pour le petit déj'. En ce qui vous concerne, vous n'y trouvez rien à redire, mais votre épouse n'est pas forcément aussi tolérante, large d'esprit et moderne qu'un Toujours Jeune Père. Elle fait la gueule. C'est moche.

• **La beauté intérieure :** à peine a-t-elle franchi le pas de la porte que votre sourire de bienvenue se crispe en un atroce rictus. Bon sang, elle est supermoche ! Un rapide coup d'œil au fiston vous indique que le jeune zigue ne s'en est pas rendu compte. Que faire ? Le secouer par les épaules pour lui ouvrir les yeux avant qu'il ne soit trop tard ? La démarche risque d'être mal perçue. Vous savez comme les grands ados sont bêtement susceptibles. Non, le Toujours Jeune Père, en pareil cas, doit céder le pas au gentleman. Bon, d'accord, vos futurs petits-enfants seront sans doute d'hideux petits chimpanzés, mais faites bonne figure. Comme leur future mère, ils seront probablement très intelligents.

## CAS DE FIGURE NUMÉRO 3 : LE COUPLE GAY, UNE ALTERNATIVE SUPER-FASHION !

L'atroce rictus, ici encore, sera de mise. De prime abord, rares sont les Toujours Jeunes Pères qui bondissent de joie en poussant de vibrants alléluias lorsque leur enfant, fils ou fille, leur révèle qu'il est homo. Osons le dire, découvrir que son enfant est gay n'est pas gai. Un satané choc sur la calebasse est plutôt l'impression qui domine. Immanquablement, au sein du couple parental, les questions fusent. Qu'avons-nous fait de travers dans son éducation ? Qu'est-ce qui a déconné ? Ne vous cassez plus la nénette, ami. La réponse saute aux yeux.

— *Votre fils est gay ?* Merci, madame ! Élevé dans le coton (cagoule, moufles...), sans cesse mouché et peigné, le jeune gars est devenu coquet. Mais, bon sang, il n'y avait pas de moufles à Sparte ! C'est à mains nues et les cheveux en pétard que l'ado antique étranglait le tigre à dents de sabre ! Vous l'avez assez dit, bon sang ! Mais bien sûr, personne ne vous écoute, dans la baraque.

— *C'est votre fille qui est homo ?* Cette fois, monsieur, la faute vous en incombe : trop de personnalité. Mais enfin, regardez-vous ! Il est normal que tout le monde veuille vous ressembler, même les filles ! Ah, vacherie...

Comment ça, « vacherie » ? Mais pas du tout, voyons ! Redressez la tête, cher petit bonhomme. Votre fils vous annonce qu'il va se pacser avec Jonathan ? Votre fille emménage avec Lisa ? Mais c'est formidable ! Sisisi ! Vous que tout le monde, au bureau, prenait pour un gros bœuf, vous allez passer pour un type fin, sensible et hyper-large d'esprit. On va vous demander votre avis sur la couleur des dossiers ! Vous allez enfin pouvoir défiler à la gay pride ! Votre fils est gay ? Il va trouver un job à la télé ! Votre fille est homo ? Elle ne vous ramènera pas un lourdaud maladroit à la maison !

Là. Vous voyez bien ? Pour le reste, reportez-vous aux paragraphes qui précèdent. Les homos étant tout aussi pénibles que les autres ados, votre fille peut très bien vous ramener une gothique sataniste lesbienne, comme dans *Millenium* ! Ouaiiis, super…

## Les fiançailles : un sacré chic moment à passer

Comment ? On ricane au mot « fiançailles » ? Ça ne se fait plus, paraît-il ? C'est dépassé ? Hélas, ami, seul le mot a disparu. Mais pas le repas. Le repas, pas. Pas, papa. Même si votre enfant n'a aucune intention de se marier, à un moment ou à un autre, chère vieille chose, il vous faudra rencontrer les parents de la pièce rapportée. Fâcheuse perspective. Déjà, vous avez eu un mal fou à vous habituer au pitoyable fayot ramené par fifille, voilà que vous allez devoir vous farcir toute la belle-famille ! Et par-dessus le marché, dans un accès de démence typiquement féminin, voilà que votre chère épouse a décidé de les inviter chez vous à déjeuner ! Fatalitas !

Vous avez bien tenté d'en savoir plus sur la partie adverse, mais votre ado s'est montré un piètre agent de renseignement. « Il fait quoi, son père ? » est la question classique. Mais bon sang, le grand dadais n'en sait rien ! Déjà, il n'a aucune idée de ce que vous-même fabriquez à la Sofires ! On frémit d'ailleurs à l'idée des informations ineptes qu'il a pu fournir à l'autre bande de zouaves à votre sujet. Pétri de conscience écologique[1], le cerveau de l'ado pratique le tri sélectif, et la vague zone de mou cervical consacrée à sa mémoire est déjà tout entière occupée par le code de la porte d'entrée, les paroles du dernier hit des Bleeding Dwarves et le nom de son amoureuse. C'est donc dans une obscurité à peu près complète que vous vous apprêtez à recevoir les parents du camp d'en face. Nous parlons au figuré, bien sûr. Attendre les fichus types dans le noir et puis allumer brusquement en criant « surpriiiiise ! » serait une mauvaise idée. Vous voyez un peu que l'autre vieux gars soit cardiaque et qu'il tombe raide mort, comme ça, paf, sur votre paillasson ? Une assez piètre façon de démarrer des relations avec la belle-famille, dirions-nous.

---

1. Nos lecteurs les plus attentifs objecteront que nous avons énoncé plus haut que l'ado n'était pas écolo. Nous ne renions pas. Pas notre genre. Antilogus et Festjens n'ont pas acquis leur renommée mondiale en changeant d'avis toutes les deux minutes, telles de vertigineuses toupies. L'ado n'est pas écolo : il n'éteint pas la lumière, laisse l'eau couler au robinet et met au sale ses vêtements propres plutôt que de les ranger dans son armoire, mais il a une conscience écologique. C'est l'un des saisissants mystères de l'adolescence.

L'important, en pareil cas, est de ne pas commettre d'impair, comme le disent les Anglais, qui s'y connaissent question intempéries. Imaginez que les beaux-parents soient d'effroyables ploucs : si vous les receviez en grande pompe, les malheureux ne sauraient plus où se mettre ! Pire, imaginez que le beau-père soit clown de son métier. Les grandes pompes, il pourrait mal le prendre. Faut-il pour autant les accueillir à la bonne franquette, en faisant péter le sauciflard et le kil de rouge ? On voit tout de suite l'intérêt économique de la manœuvre, mais si vous tombez sur des rupins, c'est vous qui passerez pour des ploucs ! Ah, que de soucis !

Alors, quel menu pour les fiançailles ? Nous pouvons établir un plan de bataille correspondant aux cas les plus fréquents.

| **Votre futur(e) gendre/bru est** | **Prévoyez** |
|---|---|
| Un(e) glando défoncé(e) | Gigot-flageolets-haschich |
| Un(e) gothique sataniste | Chili con carne et canard au sang |
| Un(e) Je-sais-tout | Pour lui fermer son clapet, servez du lourd qui colle aux dents : kouign-aman, kougloff, purée de pois |
| Un(e) atroce pénible | Démarrez par un grand verre de whisky : dès qu'il (elle) sera bourré(e), ça se passera mieux |
| Un(e) intégriste | Tout, sauf du boudin ! |
| Un(e) fayot(e) | Des fayots |

Vous allez nous dire qu'il manque le cas du Vieux ou de la Vieille. Une bonne nouvelle, les aminches ! Si votre rejeton épouse un vieux débris, c'est ce dernier qui vous invitera au restau ! Vous voyez que ce n'était pas la peine d'en faire tout un drame !

## ÇA VA DÉFILER !

**Le grain de sel de Lionel Choupard, président de l'Apap**

N'allez surtout pas imaginer que la première conquête de votre ado sera la dernière ! Ce serait d'une insigne naïveté…

Ah, vous allez en voir défiler, des fiancés, des « chéris », des petites copines, des flirts, toute une effarante smala d'olibrius et de gourgandines ! Car, de la même façon qu'ils changent de look au gré des modes, les adolescents n'arrêtent pas de changer de partenaire en amour. Ils cherchent leur voie, diront certains. Ils cherchent les emmerdements, oui ! Et ils les trouvent à tous les coups. Et vous avec, monsieur ! Vous aurez droit, ne vous faites aucune illusion, à l'inévitable chagrin d'amour avec crise de larmes, coup de blues et grosse déprime. Vous devrez consoler, conseiller, vous montrer psychologue – *vous*, psychologue ! –, prononcer d'ineptes platitudes du genre : « Tu sais, tout le monde passe par là un jour ou l'autre », « Ne t'en fais pas, ça va s'arranger » ou même « Tu mérites quelqu'un de mieux »… Tu parles, Charles ! Tout ce qu'ils méritent, le Roméo ou la Juliette, c'est un bon coup de pied dans les miches ! Mais ne le lui dites pas. Inutile d'aggraver les choses.

Le bon conseil : en tout état de cause et quoi qu'il arrive, ne vous attachez jamais aux petits amis de votre ado ; en cas de rupture, vous seriez vous-même malheureux et ce serait quand même un comble, non ?

Le conseil encore meilleur, faites comme moi, n'ayez pas d'enfant ! Jamais ! C'est le plus sûr moyen d'avoir vraiment la paix, ha, ha !

## La stupeur indignée d'Antilogus et Festjens

Comment ? Vous n'avez pas d'enfant, Choupard ? Mais vous aviez affirmé le contraire dans votre lettre de candidature ! Vous avez prétendu, ce sont vos mots exacts, être « père de famille nombreuse, reproducteur émérite ». Ainsi, tout cela n'était que mensonges et poudre aux yeux ! Ah, maudit félon, l'eussions-nous su, jamais nous ne vous aurions embauché. Abus de confiance ! Tromperie ! Rupture de contrat ! Oui, rupture de contrat ! Cette fois, c'est terminé, Choupard.

## Chapitre 17

# AU BOULOT, LES ADOS !

Tandis qu'inexorablement nous approchons de la fin de cet ouvrage, tels d'étincelants missiles filant vers la casemate d'un chef terroriste, on sent frémir dans l'air comme une agitation joyeuse, comme une fiévreuse impatience. Le sourire est revenu dans le camp parental. L'espoir bat à nouveau des ailes, tel un oiselet rieur… Quelle métamorphose, ami Toujours Jeune Père ! Nous vous avions trouvé abattu, au bout du rouleau, errant dans la rue en savates et robe de chambre, et voilà, le miracle s'est opéré. Chapitre après chapitre, sous nos yeux humides d'émotion, vous avez repris confiance, relevé la tête, serré les poings, ciré vos chaussures, renoncé à la drogue. Ah, comme vous avez eu raison d'investir quelques euros (si peu) dans l'achat de ce livre ! Ça, c'est de la valeur sûre ! Ça, c'est du placement de père de famille ! Merci, merci mille fois, Antilogus et Festjens et encore bravo, les gars ! Il serait grand temps de vous faire entrer au CAC 40, avant que toute la fichue économie planétaire ne s'effondre !

En effet. Certainement. En attendant, ami, reste calme. Regarde un peu là-bas… Non, pas ici, à côté, là ! Tu vois ce gros nuage sur l'horizon, noirâtre et boursouflé comme le visage du type qui vient de se faire sauter son barbecue à la poire en l'arrosant d'essence pour accélérer la cuisson des merguez ? Ce gros nuage noirâtre, monsieur, signifie qu'il y a un problème. Un énorme problème. Le genre de truc à faire rentrer son hilarité dans le gésier de n'importe quel oiselet rieur.

Sous prétexte que leur jeune est amoureux et qu'ils ont réussi à supporter un repas de fiançailles sans abattre l'un des pitres de la partie adverse, de naïfs TJP déjà sifflotent en se frottant les mains, pareils aux daims insouciants qui s'ébattent dans la clairière baignée de clair de lune. Ils se croient tirés d'affaire… Ah, les imbéciles ! Oui, pour une fois, alors que nous avons fait preuve jusque-là du plus grand respect, pour ne pas dire d'une basse obséquiosité, qu'il nous soit permis de nous montrer sarcastiques, voire un tantinet insultants envers nos lecteurs – qui sont pourtant comme la prunelle de nos yeux. Parce qu'il y a des limites, bon Dieu ! Votre ado a peut-être trouvé l'âme sœur, mais il n'est pas encore casé, monsieur. Pour qu'il le soit, pour qu'il s'extirpe une bonne fois du cher toit familial, il va maintenant devoir trouver autre chose : du travail. Vous avez saisi, camarade ? Un job !

Si idéalistes soient-ils, si dépourvus du sens des réalités, si délibérément à côté de leurs pompes, jamais votre freluquet ou votre oie blanche ne vivront d'amour et d'eau fraîche. Jamais ! Ôtez-vous cette idée de la tête. Chez vous, et donc à cause de vous – oui, tout ça, c'est votre faute ! –, ils ont pris des habitudes de luxe. Disposer à tout moment d'un frigo rempli de trucs super-bons, d'un téléviseur en état de marche, d'une connexion Internet ADSL, d'un room service irréprochable… S'ils veulent conserver ce niveau de vie de haute civilisation, ils vont devoir gagner leur croûte. Et on sent bien que ça ne va pas être simple.

Pourtant, quelle autre solution, ami ? Avez-vous l'intention d'entretenir l'acnéique jusqu'à la fin de ses jours ? Autant dire jusqu'à la fin de VOS jours, car s'il continue de vous pomper, zippé comme une sangsue à votre artère fémorale, vous n'allez pas tarder à décéder dans d'atroces convulsions. Et nous en serions désolés, car voyez-vous, depuis le temps qu'on se connaît, on s'est attachés à vous. Sisi, nous serions peinés.

**Le bon conseil des auteurs : range tes chèques, mec !**

## Ado et boulot, une rencontre improbable

Les jeunes, en général, sont mauvais dans le travail. On connaît le cri traditionnel du chef d'atelier dès qu'il voit un de ses gars se servir de la fraiseuse-emboutisseuse : « Mais pas comme ça, nom de Dieu, tu t'y prends comme un jeune ! » N'en doutez pas, il n'y a rien d'aimable derrière cette apostrophe furieuse. Pour le chef d'atelier (un homme d'expérience aux épaules d'acier), fébrilité, maladresse, à-peu-près et je-m'en-foutisme sont les quatre mamelles du jeune…

Or, c'est incontestable, votre ado est un jeune. Ne vous étonnez pas si sa prise de contact avec le monde du travail donne lieu à des incidents regrettables.

> Attention, les lignes qui suivent contiennent une vérité abominable, mais qui doit être dite : l'entreprise est un lieu de perdition. Un endroit qui grouille de malades mentaux, de dépressifs, de déséquilibrés plus ou moins atteints...
>
> Évoquons pour mémoire l'embusquée de fond de bureau dont on ne voit quasiment jamais la figure livide, le petit chef paranoïaque qui s'étrangle de fureur chaque fois que vous êtes en retard, alors qu'il n'y a pas de quoi s'énerver, quand même, l'informaticien qui bredouille des phrases incompréhensibles dans un affreux jargon, le coursier qui marmonne des menaces en moldo-slovène sous son casque de moto, la comptable au regard fou, le maniaque du classement qui vous accuse d'avoir égaré un dossier, l'obsédé sexuel aux mains baladeuses qui rôde près de l'ascenseur, la collègue qui veut toujours qu'on ouvre la fenêtre, celle qui veut toujours qu'on la ferme, sans compter le farceur qui lance des trombones, un classique de l'humour dans le secteur tertiaire...
>
> C'est toute cette faune effroyable que votre enfant va devoir affronter, monsieur. Combat perdu d'avance ? Non. Car l'ado dispose d'un formidable atout : il est lui-même à moitié frappadingue. Ne vous en faites donc pas pour lui, il va tracer sa route à travers le purulent bouillon de culture ! Mais il va souffrir. Oh là oui, il va souffrir !

Mettons-nous un instant à la place du jeune primate, même si c'est un exercice pénible. Il va brutalement passer d'un univers familial sécurisé où l'argent coulait à flots à une situation de merde – osons le dire – où il sera payé à peine plus que ce que vous lui donniez comme argent de poche. Si. À peine plus. Un billet de 20 de temps à autre, c'est tout. D'un monde d'impunité totale, dans lequel il pouvait se permettre d'envoyer péter n'importe qui, y compris et surtout ses parents, il va basculer sans préavis dans un environnement hostile où on le ramènera sans ménagement à ce qu'il est, un péteux incompétent. Entouré, qui plus est, de TJP rancuniers et frustrés, qui chercheront à se venger sur lui de tout ce que leurs propres ados leur font subir. Un tableau somme toute peu réjouissant, d'où l'on pourrait déduire que votre donzelle ou votre benêt ont mangé leur pain blanc. Ne rien faire, être servi, se la couler douce, c'est terminé, les biquets ! Ha, ha ! vous allez morfler un max ! Et c'est bien fait pour vous, bande de petits salopards, vous ne l'avez pas volé. Et tiens, reprends cette baffe, Kevin !

Heureusement que papa, comme d'habitude, est là pour porter secours et assistance. Mais oui, monsieur. Puisque l'entrée dans le monde du travail est un choc violent, vous allez une fois de plus servir d'airbag. C'est votre rôle. C'est votre foutu job. Et c'est aussi le nôtre… Et tout de suite, nous lançons un appel solennel à tous les TJP qui travaillent dans ce pays : amis, ne vous défoulez pas sur les ados des autres ! Tous les ados du monde sont nos enfants, comme l'a certainement chanté l'immense Yves Duteil. Ne profitez pas de votre position pour écraser le nouvel embauché, lui lancer de vexantes réflexions, vous décharger sur lui de tâches fastidieuses. Ce serait laid, indigne de vous, et bien peu chevaleresque. Or, ne l'oubliez pas, l'entreprise est une chevalerie moderne. Personne ne vous l'avait jamais dit ? Eh bien, à présent vous le savez. Alors, agissez en conséquence, faites profiter les jeunes de votre expérience, montrez-leur – c'est tordant ! – comment on peut se photographier le derrière en grimpant sur la photocopieuse. Comment on se débine dans les couloirs pour échapper aux chefs qui veulent vous coller du boulot sur les bras. Comment, en envoyant un grand coup de pied dans le distributeur de boissons, on décroche deux Coca pour le prix d'un seul ! Protection, partage, pédagogie : les « trois P » seront désormais votre devise, ami chevalier salarié. Vous voulez qu'on vous dise ? Vous êtes formidable !

### Travailler, oui, d'accord, mais pour quoi foutre ?

Excellente question. Il est d'usage, de nos jours, dès qu'on évoque l'emploi des jeunes, de verser dans le catastrophisme, de dodeliner de la tête en émettant des claquements de langue sceptiques. Qu'on ne compte pas sur nous pour se joindre au chœur des pleureuses et des claqueurs de langue ! Nous n'allons pas vous parler ici, après tant d'autres, de chômage, de CDI, de CDD, de stages non rémunérés, de discrimination à l'embauche et autres trucs rasoirs… Fidèles à notre ligne de conduite, toute de légèreté et de *furia francese*, nous préférons adopter l'attitude du funambule magnifique qui défie, par ses pirouettes, les aléas de la vie.

Notre philosophie tient en peu de mots : il y a toujours du boulot pour ceux qui sont prêts à faire n'importe quoi en étant payés des clopinettes. Le tout, monsieur, est de bien cerner le genre d'activité qui intéresse votre ado, et de juger avec lucidité ce dont il est capable. Car à chaque aptitude correspond un métier bien précis.

— Votre fille est blonde, bien coiffée, avec des mèches et plein de laque ? Présentatrice du Journal télévisé.

— Votre fils ne sait rien faire, mais il veut gagner un max ? Conseiller en communication.

— Il ne sait rien faire, mais il se contenterait d'un revenu raisonnable ? Sociologue.

— Elle est grande, pas de poitrine, elle marche en se dandinant ? Mannequin.

— Il transpire et se roule par terre en faisant semblant d'avoir mal ? Footballeur.

— Il n'est pas lumineux, mais il finit par comprendre quand on lui répète les choses ? Gendarmerie nationale.

— Elle est très forte pour emmerder le monde ? Gréviste à la SNCF.

— Il aime la bagarre, il collectionne les armes à feu ? Vigile, convoyeur de fonds, prof en banlieue.

— Il est brun, mal habillé, avec l'air d'un taulard en cavale ? Joueur d'accordéon roumain dans le métro.

Évidemment, de nombreux parents souhaiteraient pour leur enfant une activité plus reluisante et valorisante, dont l'éclat rejaillirait sur eux… Ils aimeraient, quand ils sortent de chez eux, voir les voisins pâlir d'une d'admiration envieuse et se murmurer d'une porte à l'autre : « Tu as vu ? C'est Bernard Merlurin, le papa du champion de Formule 1 ! » Ou de la comédienne aux sept oscars, ou du chanteur de rock mondialement connu, ou de l'inventeur du vaccin contre l'obésité… Hélas, tout le monde ne peut pas être une sommité du monde scientifique, une vedette des stades ou une star de la scène.

Encore que.

Êtes-vous bien sûr que votre ado n'a pas un don caché, un petit quelque chose qui ferait un malheur à la télé et lui assurerait une réussite foudroyante ? Réfléchissez… Il est peut-être capable de faire bouger ses oreilles en rythme. Ou d'avaler une douzaine de hamburgers sans reprendre son souffle. Ou d'enfiler son slip rien qu'avec les pieds. Non ? Vous êtes certain ? Est-ce qu'en modulant ses rots, il saurait éructer une version poilante de *Tiens, voilà du boudin* ? Même pas ? Est-ce qu'il fait pleurer de rire toute la famille quand il imite le dalaï lama avec l'accent de Michel Leeb ? Dommage. Mais cherchons encore… Il est peut-être affligé de tics nerveux horribles qui feraient l'objet d'une émission super, ou mieux, d'un toc abominable et gravement invalidant ? Rien de tout cela ? Que dalle ? Évidemment, monsieur, si votre jeune n'a aucun don particulier, s'il ne fait aucun effort, on n'est pas sortis de l'auberge ! Qu'est-ce que voulez qu'on vous dise ?

**Votre ado est nul ? Il n'a aucun talent ? Inscrivez-le à la *Nouvelle Star* !**

L'atroce jury de l'émission se chargera de lui expliquer à votre place qu'il ferait mieux de trouver un vrai travail. Merci, la *Nouvelle Star*.

Bien. Restons courtois. Il existe encore, c'est un sacré coup de bol, toute une série de boulots très modernes, dont on ne voit pas bien en quoi ils consistent, mais qui ont l'air vachement chouettes : agent d'ambiance, accompagnateur de fin de vie, chercheur au CNRS, artiste de rue, expert en événementiel, nanotechnologue, modérateur de site Web, animatrice du troisième âge, directeur de recherche à l'Ifrif (ou au Secom ou à l'Anfar), grand frère dans les banlieues, conseiller en relooking, coach en diététique, consultant en écocitoyenneté, assistant d'immeuble, aide-comportementaliste, médiologue, auxiliaire du quotidien, spationaute de quartier… Dans cette extraordinaire palette de métiers passionnants, c'est bien le diable si la jeune créature ne trouve pas quelque chose qui lui convienne !

## Quelques suggestions pour ne pas être viré dans la semaine

Trouver un emploi, c'est bien. Le garder, c'est mieux. Or, par les temps qui courent, cruels et brutaux, on a vite fait de se retrouver sur le pavé, licencié, remercié, mis à la porte, incendié, jeté comme un

Kleenex… Votre mission, monsieur, sera d'éviter ce genre de désagrément à votre ado. Car s'il est viré, privé de son maigre salaire (quelques billets de 20), il va rester chez vous, s'enkyster comme une palourde et continuer de vous pomper l'air en même temps que vos finances. Est-ce ce que vous souhaitez ? Serait-ce votre juste récompense après tant d'efforts et de sacrifices paternels ?

Le moment est venu de transmettre au macaque tout ce que le monde du travail vous a appris. De lui faire connaître les codes de l'entreprise. Ce sera non pas votre testament professionnel, ami, car vous êtes toujours aiguisé et capable de moucher bien des cadraillons présomptueux, mais à tout le moins un monument de sagesse livré à la méditation des générations futures.

Voici, si vous permettez un avis, les quelques points sur lesquels il serait peut-être utile d'insister.

• **On ne retire pas ses chaussures au bureau.** On n'allonge pas ses jambes au milieu des dossiers en se renversant dans son fauteuil, comme dans les films américains. À comprendre en priorité : le bureau n'est pas un film américain.

• **On essaie d'avoir l'air vieux** par sa tenue, son langage, ses attitudes. Rien n'est plus odieux dans l'entreprise que la jeunesse.

• **On ne ramène pas sa fraise.** Même dans les boîtes les plus « modernes », où il est de bon ton que tout le monde se tutoie, on veillera à conserver une certaine réserve respectueuse envers ses supérieurs. Car dans le monde du travail, c'est à retenir, il y a des supérieurs. On ne tape pas dans le dos de son chef de service, ni dans le ventre, on ne lui tapote pas le crâne, même s'il est chauve comme une peau de fesse et qu'on meurt d'envie de lui claquer le beignet.

• **On ne joue pas au foot dans les couloirs.**

• **On ne se déplace pas en skate,** même si les distances à parcourir sont considérables.

• **On ne fait pas de grimace** derrière le dos du patron quand il parle, pour faire rire les collègues. À la rigueur, on peut faire des grimaces dans le dos des collègues pour faire rire le patron, mais cela réclame une finesse de stratégie dont le jeune embauché est généralement incapable. S'abstenir.

• **On ne sait pas tout mieux que tout le monde.** On n'explique pas à M. Lanfremont, vingt-huit ans de contrôle de gestion, comment il devrait s'y prendre pour mieux faire son job.

• **On ne dort pas vautré sur son bureau.** D'ailleurs on ne dort pas, et on ne se vautre pas ! Une attitude irréprochablement correcte est requise pendant les heures de présence. On est vif, éveillé, prêt à bondir sur ses pieds à tout moment pour apporter un café au patron.

• **On s'habille décemment,** n'est-ce pas mademoiselle ? Renoncez aux jupes courtes, aux petits hauts moulants et affriolants, aux minauderies près de la machine à café... Il ne faut pas confondre employée modèle et top model. Cela dit, si le patron est un homme, ça peut passer – les hommes sont de bons types sympas, gentils et marrants –, mais si c'est une femme qui dirige la boîte, elle vous fera payer au prix fort, par jalousie, chaque centimètre de peau dévoilée. Les femmes, soit dit en toute objectivité, ont parfois l'âme noire et pleine d'aigreur. C'est regrettable.

• **On ne se trémousse pas sur son fauteuil en écoutant de la musique.** On ne chante pas à pleine voix, on ne sifflote pas, on ne fredonne pas... Sur le lieu de travail, on se concentre sur le boulot. La plus petite erreur dans un dossier à Châteauroux peut provoquer un battement d'ailes de papillon à l'autre bout du monde, ou quelque chose d'approchant... La plus extrême vigilance s'impose !

• **On éteint son iPod,** ou on retire au moins les écouteurs de ses oreilles, quand un collègue vous adresse la parole. Surtout si ce collègue est votre chef de service et qu'il est cramoisi, trépignant, avec une grosse veine congestionnée qui bat sur sa tempe.

• **On n'envoie pas des textos poilants à ses copains** pendant la réunion de service, on ne leur téléphone pas, on ne prend pas leurs appels. On écoute religieusement ce que M. Mongerby, le sous-directeur, a entrepris d'expliquer. Et on ne bâille pas.

• **On ne parle de Mme Levachon, de la compta, en l'appelant « la grosse ».** Même s'il est vrai qu'elle a quelques kilos de trop, et pas forcément placés aux meilleurs endroits. Le bon esprit est de rigueur. De plus, ce n'est certainement pas au dernier arrivé dans la société de s'ériger en arbitre des élégances et de fournir des avis définitifs sur la plastique féminine... Laisse dire ceux qui savent, petit !

• **On boit avec modération.** On ne profite pas du pot de départ à la retraite de M. Murgelier, service contentieux, pour se saouler éhontément et vomir comme un phoque. L'entreprise est un lieu de convivialité, c'est entendu, mais il y a des limites à ne pas dépasser. Ambiance festive, d'accord. Teuf d'enfer, non merci !

• **On se calme !** Quand un supérieur émet une critique, certainement justifiée, on ne lui répond pas « Ferme ta gueule ! ». On ne lui lance pas une agrafeuse à la tête, on ne le saisit pas au col en le secouant. On lui dit : « Comme vous avez raison, M. Mongerby, je tiendrai à l'avenir le plus grand compte de votre remarque. »

• **On ne se plaint pas avec véhémence de la médiocrité du salaire.** À noter que le salaire de l'ado est un peu comme le salaire de la peur. On flippe en silence, les mâchoires crispées, les yeux fixés sur l'écran des stocks…

• **On fait gaffe aux mails !** Attention enfin aux pièges de l'informatique, gare aux erreurs de manip' ! Pas de précipitation ! Ne faites pas passer, par une regrettable maladresse de clavier, vos mails personnels à l'ensemble de vos collègues, ni surtout vos commentaires sur les uns et les autres. Il pourrait vous en cuire.

Une dernière recommandation, ami Toujours Jeune Père, avant de refermer le dossier : n'oubliez pas que le choix de carrière de votre ado, quel qu'il soit, devra aussi répondre à vos intérêts. Ainsi, un fils militaire de carrière pourra protéger la maison avec son fusil-mitrailleur en cas d'invasion britannique. De nos jours, c'est une perspective qui fait chaud au cœur.

CABINET SNEUFIÉ ET BRUNEL

**Gilbert Sneufié**
*Ancien bâtonnier*

Aff. : Choupard/Antilogus-Festjens
Dos. 567.009.BV

Messieurs,

Je prends contact avec vous en ma qualité de conseil de M. Lionel Choupard, président de l'Apap, qui a porté à ma connaissance :
— Vos allégations sur le fait que « n'ayant pas d'enfant, il était mal placé pour donner des conseils aux autres ».
— Votre refus de publier sa chronique consacrée à l'adolescent dans *Le Monde du travail*, intitulée « Au boulot, les feignasses ! ».
— Son licenciement sans préavis pour une cause non réelle et sérieuse.
Les qualificatifs de « maudit félon », « pauvre type » et « méprisable pitre » associés par vos écrits et commentaires au nom de mon client sont en outre constitutifs d'une injure publique au sens de l'article 25, alinéa 4, de la loi du 15 juillet 1834.
Faute par vous de rétablir les prérogatives et droits de mon client, et plus particulièrement à défaut d'une publication immédiate de cette chronique dans vos colonnes, j'ai reçu pour mandat de saisir la juridiction compétente.
Je vous prie d'agréer, Messieurs, l'expression de mes sentiments les meilleurs.

G. Sneufié
Avocat à la cour

## La réponse des auteurs

Jamais ! Plutôt crever ! Tu ne nous fais pas peur, l'ancien bâtonnier. Viens-y, si tu l'oses !

## Chapitre 18

# DERNIÈRE LIGNE DROITE, PUPUCE EMMÉNAGE

Bon, ben ça y est. Fifille a trouvé un boulot. Garçounet s'est dégotté une copine. Ou alors ils partent faire leurs études dans une autre ville, dans un autre pays, loin de votre Frigidaire et de votre télé grand écran. Il n'y a plus qu'à leur trouver un studio, à l'aménager, et c'est bon. Fini, l'ado ! A pu ado ! Votre mission de Toujours Jeune Père s'achève. À vous, les folles soirées Scrabble dans l'appart' !

Et là, tout de suite, attention. Lorsque l'ado annonce son intention d'emménager ailleurs, l'erreur classique est de pousser un tonitruant hip, hip[1], de faire péter le champagne et de se lancer dans un sirtaki endiablé. Très mauvais. Le jeune être pourrait mal le prendre. Ne perdez pas de vue la dimension psychologique. Son esprit de contradiction affûté par des années de puberté boutonneuse risquerait fort de refaire irruption sous la croûte fragile du jeune adulte qui vient

1. Hourra !

à peine d'éclore. « Puisque c'est comme ça, je reste encore un an ! », serait-il bien capable de s'exclamer. Oh, punaise !

Faut-il pour autant manifester un désespoir déchirant ? Alors là, nous disons hop, hop, hop. Loin de nous, bien sûr, l'idée de vouloir réfréner votre émotion. Antilogus et Festjens, ne l'oublions pas, ont été quarts de finalistes du championnat régional de poésie de l'Eure. Ce sont des types capables, à tout moment, de se mettre à déclamer des sonnets déchirants qui vous feraient verser des larmes. Mais là, notre fichu job l'emporte sur notre sensibilité naturelle. Et nous redisons : hop, hop, hop. Pas de désespoir exagéré, SVP. À proscrire. Sous des dehors de grand machin dégingandé, l'ado est resté un enfant, et son bon petit cœur de mollasson ne résisterait pas à une telle détresse.

La bonne tactique est donc de réfréner votre sens naturel du pathos, de la fête et de la danse, au moins jusqu'à ce que l'ado ait tourné le coin de la rue. Alors, et seulement alors, mambo ! À-tchika-tchika-tchika, aïe, aïe, aïe et toute cette sorte de choses !

Nous n'en sommes pas encore là. Longue est la route qui sépare l'idée de sa réalisation. Tenez, par exemple, quand Pupuce vous a dit qu'elle voulait faire médecine. C'était quoi, il y a deux-trois ans ? Est-ce qu'elle est médecin ? Nooooon ! Vous voyez bien ! L'endiablé vieux sirtaki n'est pas encore dansé, croyez-nous.

Plus que jamais, fie-toi à nous, ami, tel le pilote de cargo confiant le sort de son gigantesque bâtiment au rondouillard remorqueur pour rentrer paisiblement au port. Et posons tout de suite la vraie question.

## COMMENT CASER SON ADO DANS UN TROU À RATS EN 10 ÉTAPES ?

La tâche est difficile, car l'ado s'apprête à quitter un appartement gigantesque avec tout (si, ami, ton appart' est gigantesque et il a tout) pour emménager dans un studio minuscule avec rien. Pas de baignoire propre. Pas de draps frais. Pas de maman pour faire sa lessive. Autrement dit, un trou à rats. Mû par l'un de ces accès subits de lucidité auxquels rien, il faut bien l'avouer, ne vous a préparé au cours des dix dernières années, le jeune être peut soudainement être traversé par l'idée de faire marche arrière et de rester chez vous. Comment éviter une telle déconvenue ?

Une seule méthode, la nôtre. En dix étapes. D'où le titre.

• **Étape numéro 1 : soignez l'attitude.** En présence de votre ado, adoptez désormais en toute circonstance une attitude de fierté émue, mais digne. On doit sentir que les larmes ne sont pas loin. Une juste proportion d'yeux rougis, de teint hâve et de regards confiants feront comprendre au jeune qu'une grande partie de vos nuits est désormais consacrée à de longues discussions avec sa mère au sujet de son proche départ et de son confort futur. Plus vous le sentez hésitant, plus il faudra vous enorgueillir. Rengorgez-vous comme un pigeon. Faites rrou-rrou.

• **Étape numéro 2 : faites tomber le pognon.** Avant, pendant et après l'emménagement, l'ado peut à tout moment vous demander un conseil, un coup de main ou de l'argent. Surtout de l'argent. Ne réfléchissez pas, casquez. La caution de l'appart' ? Casquez. La camionnette du déménagement ? Casquez. Une soirée de pendaison de crémaillère ? Oui.

Vous l'aurez compris, il ne s'agit plus des piteux billets de 20 que vous dispensiez jusqu'ici en guise d'argent de poche, mais de liasses de 200. Voire de 2 000. Vacherie.

• **Étape numéro 3 : la visite.** À l'instant de pénétrer dans le déprimant trou à rats, maîtrisez vos émotions. La moquette est constellée de taches, le papier peint est hideux, la peinture écaillée, le parquet flottant fait schlouff-schlouff et paraît effectivement flotter sur une sorte de margouillis visqueux ? Il vous a semblé apercevoir un rat dans la baignoire ? C'est normal. C'est un trou à rats. Dites : « Ah, c'est pratique, tu as les W.-C. dans la chambre ! » Ne dites pas : « Tu me fais visiter les autres pièces ? » Il n'y en a pas.

• **Étape numéro 4 : les travaux.** L'exaltation du moment et l'état de délabrement effarant du piteux trou à rats, alliés à une volonté irrépressible de relever les défis typiquement paternelle[1], est à l'origine d'une

1. Ainsi que la volonté tout aussi courante de vouloir une bonne fois pour toutes mettre fin aux ricanements de madame votre épouse, prompte à douter de vos talents de bricoleur,

erreur classique : vouloir entreprendre soi-même les travaux dans le logement du bambin. Ne perdez jamais de vue cette maxime de base, ami TJP :

Faire soi-même les travaux = mal au dos !

Et c'est le moment ou jamais de rappeler cette seconde maxime, pleine d'un épais bon sens : poser du papier peint sera toujours plus fatigant que poser vos fesses sur le canapé en prodiguant de précieux conseils.

• **Étape numéro 5 : le déménagement.** L'exiguïté du pitoyable trou à rats, alliée à un sens de l'économie typiquement paternel, est à l'origine d'une seconde erreur classique, commise par trop de Toujours Jeunes Pères débutants : ne pas faire appel aux professionnels. « Pour un matelas et deux casseroles, on ne va pas prendre des déménageurs ! », s'écrient les inconscients. Ne tombez pas dans ce piège fatal. Certains effroyables optimistes vont même jusqu'à prêter leur voiture. Voyons, grâce au tableau suivant, les avantages et inconvénients de chaque option.

---

malgré le nombre invraisemblable d'ampoules que vous avez changées avec succès dans la maison sans jamais – jamais ! – faire appel à un électricien.

| Main d'œuvre | Casse | Dépenses | Stress |
|---|---|---|---|
| Déménageurs pro | Nulle | € |  |
| Vous-même et votre ado | Normale | €€<br>Essence. Déjeuner. Frais de kiné pour votre tour de reins (peut-être remboursés par la Sécu). |  |
| Copains de votre ado | Maximum | €€€<br>Essence. Déjeuner. Réparation de l'aile de la voiture. (Accrochage. Trop pas d'leur faute). P-V pour stationnement gênant. Remplacement de la glace de l'ascenseur cassée par une étagère Billy®. Gros billet pour calmer le gardien. |  |

À vous de choisir, ami TJP. Mais il est de notre devoir de rappeler une fois de plus une nouvelle épatante maxime issue du bon sens populaire :

Faire soi-même un déménagement =
emmerdements !

• **Étape numéro 6 : ado installé, vide-grenier.** Depuis des années, vous entassez toutes sortes de vieux machins dans votre cave ou votre grenier, justement en prévision de ce grand jour. C'est l'occasion de vous débarrasser de tout l'invraisemblable fatras qui vous encombre : la lampe halogène, la sorbetière de votre liste de mariage, les couverts dépareillés, le vieil aspirateur, le tapis rapporté du Maroc, fourguez-lui tout ! L'ado sera ainsi formidablement équipé d'objets chargés de doux souvenirs qui lui rappelleront la maison.

• **Étape numéro 7 : gaffe au voisinage !** Avant votre arrivée, l'immeuble était un havre douillet. Pauvres gens. Déjà lors du déménagement, vous avez croisé leurs regards inquiets, lorsqu'ils voyaient passer la fichue bande de chevelus chargés de guitares, d'amplis et de toutes sortes de trucs destinés à faire du bruit. Ce sont eux, pauvres voisins, qui désormais devront aller taper à sa porte pour qu'il baisse un peu sa musique de dingue. S'il y a un gardien, faites-lui tomber 20 euros. S'il n'y en a pas, allongez le pognon au président du conseil syndical. Vous le repérerez facilement, c'est celui qui a des bretelles et qui vous regarde en fulminant, juché sur son paillasson. Pauvre type.

• **Étape numéro 8 : les bons conseils.** Rappelez à votre ado quelques règles de base de la vie en immeuble. Faute de quoi il pourrait être éjecté dans la semaine, et il serait obligé de revenir camper à la maison !

— On ne tague pas l'entrée de l'immeuble, genre « Nico est dans la place ».
— On ne prend pas l'ascenseur avec des meubles pointus qui rayent la peinture.
— On ne dit pas « ta gueule ! » au voisin qui vient se plaindre de la musique.
— On ne gare pas sa mob' huileuse dans le hall de l'immeuble « pour pas se la faire chourer ».

• **Étape numéro 9 : pas d'impair !** Dites-vous bien que l'ado est peut-être parti de chez vous, mais qu'il va sûrement revenir. Ne serait-ce que pour le week-end. Ne transformez pas tout de suite sa chambre en salle de billard. Ne la sous-louez pas non plus à une étudiante au pair polonaise à gros seins. Madame pourrait mal le prendre. Ah, des fois, elle est d'un pénible !

**Étape numéro 10 : service après-vente.** Votre ado est logé, ça y est, c'est bon. Mais fifille pourra-t-elle s'en sortir toute seule ? Que fera-t-elle, si la lumière ne marche plus ? Et comment garçounet se dépatouillera-t-il des tâches quotidiennes, le ménage, la lessive, lui qui n'a jamais rangé sa chambre ? Non, ne rêvez pas, ce n'est certainement pas la gothique sataniste ou le pitoyable fayot qu'ils se sont dégottés qui leur seront d'un grand secours au moment de changer une ampoule. L'angoisse vous étreint de ses serres serrées[1]. Le doute s'installe. Le remords. Toutes sortes de trucs pénibles qui vont vous porter sur l'estomac. N'ayez crainte… Avant de lâcher votre ado dans la nature hostile, découpez les précieuses fiches bricolage imprimées (et avec quel talent !) dans les pages suivantes. Puis achetez un autre livre, tout neuf, afin de pouvoir poursuivre sereinement votre lecture.

---

1. Nous aurions pu écrire « vous enserre de ses serres serrées », mais c'était moins élégant.

## QUELQUES BONS TRUCS DE BRICOLAGE SIGNÉS PAPOUNET

### TRUC NUMÉRO 1 : LA LUMIÈRE NE MARCHE PLUS.

C'est une situation délicate, à laquelle les plus grands bricoleurs sont confrontés un jour ou l'autre. Pour s'en sortir, il convient de procéder par déduction.

- La lampe est-elle branchée ? Si non, saisis au bout du fil de la lampe le bitoniau qui se termine par deux machins en pointe et rentre-le dans la prise, le truc blanc en bas du mur avec deux trous. Ne mets pas tes doigts dedans. Bobo. Si ça ne marche toujours pas, passe à l'étape suivante.

- L'ampoule est-elle grillée ? Ça se complique. Passe la main au-dessus de l'abat-jour jusqu'à ce que tes doigts rencontrent un truc lisse et rond. C'est l'ampoule. Dévisse jusqu'à ce que ça vienne. Secoue : est-ce que ça fait un bruit genre « dzingl-dzingl » ? Elle est grillée. Visse une autre ampoule, sans mettre le doigt dans le trou. Bobo. Ça ne fait pas dzingl-dzingl mais ça ne s'allume toujours pas ? Passe à l'étape suivante.

- Est-ce que les plombs auraient sauté ? Est-ce qu'en dehors de la lumière quelque chose peut s'allumer ? Non, pas ton portable, il marche sur batterie. La télé, par exemple. Non ? Pas de panique : tu n'aurais pas branché par hasard ton ampli 2 x 400 W, le grille-pain et le micro-ondes sur la même prise ? Si ? Qu'est-ce qu'il a dit, papounet ? Pas bien. Tu as fait sauter le disjoncteur ! Bravo ! Débranche tout le bazar et trouve le compteur. Un truc en plastique beige, carré avec un gros bouton rouge au milieu. Appuie sur le bouton. Ça a fait zblong et il y a de la fumée ? Appelle les pompiers ! Vite !

## TRUC NUMÉRO 2 : MONTER UNE BIBLIOTHÈQUE BILLY®.

On entre là dans les hautes sphères du bricolage. Limite pro. Là encore, il faut procéder avec le plus grand soin.

- Ouvre le grand carton d'emballage que papa a rapporté du magasin (même qu'il s'est fait mal au dos). Il y a dedans tout un tas de planches. C'est normal.

- Visse la charnière Sbørg dans la cheville Glaksen, ainsi que les poignées Skanisůnd, tout en glissant par-derrière le support d'étagère Tak. Si ça ne coulisse pas, tape un peu pour que ça rentre… Non ! Pas si fort !…. Ah mince, c'est cassé. Bon, c'est pas grave.

- Plie le grand carton en trois, de façon à former une sorte de table.

- Cale le tout avec des piles de bouquins. Oui, ceux-là mêmes que tu voulais mettre dans ta bibliothèque Billy®. Et voilà ! À la fois une table 100 % bio et une étagère basse. Merci qui ? Merci, papounet !

## TRUC NUMÉRO 3 : GAUCHIR UNE MORTAISE AU TENON DE DOUZE.

Rien de plus facile.

- À l'aide d'un trusquin, établis au cordeau la ligne de pliure en faisant chevaucher le fartage.

- Pour jointoyer, utilise le calicot et de la barbotine semi-fine, puis arase à la taloche, en ragréant si nécessaire.

- Chantourne les linteaux avant d'aboutir les tenons et les mortaises, et le tour est joué !

Fort de ces précieux chics conseils, le jeune, n'en doutons pas, va s'en sortir. Se pourrait-il que vous touchassiez au but, ami TJP ? Nous le croyons. Le bout du tunnel vous fait signe frénétiquement. « Par ici ! Paaar iciiii ! » crie-t-il d'une voix portée par l'écho, dans l'aube d'un jour nouveau, en tendant vers vous ses bras blancs.

C'est magnifique.

**ADIEU, L'AMI !**
**Le communiqué spécial d'Antilogus et Festjens**

Terrible nouvelle ! Nous venons d'apprendre que notre ami Lionel Choupard a été victime d'un accident affreux et spectaculaire, bien dans sa manière. Dans des circonstances encore mal élucidées, le Vélib' sur lequel il avait pris place a été happé par un tramway lancé à pleine vitesse. Projeté violemment contre un Abribus, notre érudit collaborateur se serait ensuite abîmé dans une bouche d'égout malencontreusement ouverte. Malgré une prompte intervention des services de voirie, son corps n'a toujours pas été retrouvé.

En dépit des désaccords qui nous ont parfois opposés, nous saluons en Choupard tout à la fois l'homme de cœur et le puits de science qu'était le dernier président de l'Apap.

Avec lui se tourne une page de la pédagogie moderne. Puisse-t-il reposer en paix dans son égout.

## Le cri sépulcral de Lionel Choupard

Y m'ont poussé ! Bande de salauds !

À l'instant de conclure cet ouvrage, le doute nous taraude de ses petits doigts visqueux : dans notre emportement scientifique, n'aurions-nous pas été trop sévères, bien que justes, à l'égard de l'ado ? Se pourrait-il que nous ayons ici ou là, au détour d'une phrase, laissé apparaître quelque excessive réserve à son endroit ? Voire même à son envers (ha, ha !) ? Les mots « chiffe molle », « larve goulue », « machin dégingandé », « grande feignasse » auraient-ils (par mégarde) été employés ?

Nous en doutons.

Le Toujours Jeune Père n'éprouve qu'amour et bonté pour ses ados qui, ne l'oublions pas, lui ressemblent (en moins gros). Pour ceux qui en douteraient encore, et c'est moche de leur part, voici…

## Dix bonnes raisons d'aimer quand même vos ados

1. Même le plus bon à rien des ados vaut une demi-part d'impôt en moins. Ça fait pardonner bien des choses.

2. L'ado, si vous savez le prendre, peut vous expliquer comment vous servir de votre iPad ou toute cette sorte de machins à écran tactile. Ça peut être utile.

3. Il/elle peut vous fournir de la beu.

4. Il/elle crée une certaine animation dans la baraque. Quand il/elle ne sera plus là, ça sera trop calme, vous verrez…

5. Tant qu'il/elle est là, ça fait quelqu'un sur qui votre femme peut crier et se défouler. Sinon, ce sera pour ta pomme, mon pote.

6. Il/elle deviendra peut-être célèbre un jour grâce à la *Nouvelle Star* et alors là, bingo ! À vous la piscine à Las Vegas !

7. Vous pouvez lui transmettre tout ce que la vie vous a appris (pêcher une truite à mains nues, gauchir un tenon de douze, dribbler un défenseur dans la surface de réparation, danser le ska). Il/elle n'en retiendra que 10 % (au max), mais c'est déjà considérable.

8. Il/elle paiera votre retraite. Et la nôtre. Et celle de tout le monde.

9. L'ado est certes moins affectueux qu'un fidèle toutou, mais plus pratique : on n'a pas besoin de le sortir le soir, il sort tout seul.

10. Contrairement à madame, tellement exigeante, un billet de 20 suffit à le rendre heureux.

**Et allez, hop : super-bonus de deux bonnes raisons supplémentaires !**

11. On est fiers quand il réussit quelque chose (études, omelette soufflée, etc.). Ce n'est pas fréquent, mais ça n'en est que plus émouvant.

12. Parce que, même s'ils nous énervent un max, les ados sont nos enfants chéris, et on les aime.

Composé par Nord Compo
à Villeneuve-d'Ascq (Nord)

Imprimé en Espagne par
Liberdúplex
à Sant Llorenç d'Hortons (Barcelone)
en avril 2012

POCKET – 12, avenue d'Italie – 75627 Paris Cedex 13

Dépôt légal : mai 2012
S22112/01